U0639871

现代高校体育教学理论与实践研究

杨丽云 葛 超 尚 尧◎著

吉林出版集团股份有限公司
全国百佳图书出版单位

图书在版编目（CIP）数据

现代高校体育教学理论与实践研究／杨丽云，葛超，尚尧著. -- 长春：吉林出版集团股份有限公司，2024.7

ISBN 978-7-5731-4962-6

Ⅰ.①现… Ⅱ.①杨… ②葛… ③尚… Ⅲ.①体育教学-教学研究-高等学校Ⅳ.①G807.4

中国国家版本馆 CIP 数据核字（2024）第 097135 号

XIANDAI GAOXIAO TIYU JIAOXUE LILUN YU SHIJIAN YANJIU

现代高校体育教学理论与实践研究

著　者　杨丽云　葛　超　尚　尧
责任编辑　杨亚仙
装帧设计　万典文化

出　　版　吉林出版集团股份有限公司
发　　行　吉林出版集团社科图书有限公司
地　　址　吉林省长春市南关区福祉大路　5788 号　邮编：130118
印　　刷　长春新华印刷集团有限公司
电　　话　0431-81629711（总编办）
抖 音 号　吉林出版集团社科图书有限公司 37009026326

开　　本　710mm×1000mm　　　1/16
印　　张　14
字　　数　230 千字
版　　次　2024 年 7 月第 1 版
印　　次　2024 年 7 月第 1 次印刷

书　　号　ISBN 978-7-5731-4962-6
定　　价　68.00 元

PREFACE

本书是一本全面探讨现代高校体育教学理论与实践的专著。本书从现代体育教学基本理论出发，系统地研究和分析了体育教学的现代定义及其特性、内在性质与主要功能、追求的目标与遵循的原则等基本问题。接着，本书深入探讨了现代高校体育教学思想基石，包括体育与德育、智育、审美教育以及愉悦教育的结合。

在现代高校体育教学设计与过程优化方面，本书详细讨论了体育教学设计理念与构思、体育教学过程的普遍规律以及体育教学过程的细节优化与管理。本书还深入研究了现代高校体育有效学习与有效教学，包括体育的有效学习理论、体育有效学习的内在机制以及体育的教学效果与方法。

此外，本书还探讨了现代高校体育教学方法的革新与应用，包括微课、慕课和翻转课堂在高校体育教学中的应用。在现代高校体育教学模式创新方面，本书研究了游戏教学模式、程序教学模式和俱乐部教学模式在高校体育教学中的实践运用。

最后，本书对现代高校体育课目教育与实践训练进行了深入探讨，包括高校篮球教学与实践训练、高校羽毛球教学与实践训练以及高校乒乓球教学与实践训练等内容。

本书旨在为高校体育教育工作者提供一本全面、系统的参考书，帮助他们在实践中更好地理解和运用现代高校体育教学理论与方法，提高教学质量，促进学生的全面发展。希望本书的研究成果能够对我国高校体育教育的发展产生积极推动作用。

作　者

2024 年 1 月

CONTENTS

目 录

第一章 现代体育教学基本理论

第一节 体育教学现代定义及其特性

一、体育教学的概念

教与学的融合构成了教学活动的核心，我国对这一领域的探究源远流长。早在东汉时，许慎的《说文解字》中就提及"教上所施，下所效也"，可见对教学的认识已有深厚的历史底蕴。至今，教学的研究历程悠久，尽管学界对其定义解释各异，但都围绕教与学的交互作用展开。国际上，将教学视为一项复杂的教育活动，旨在通过文化传承，让学习者掌握知识与技能。教学活动涉及教育者与学习者之间的密切互动，前者传授知识，后者则是学习的主体。

国内学者对教学的探讨亦十分深入，提出了包括统一活动论和教学广义狭义论等多种观点。这些观点旨在揭示教与学的统一整体性以及教学活动在促进学生全面发展中的作用。具体到体育教学，它被视为一项特定的教育活动，旨在通过体育运动促进学生的全面发展。体育教学不仅包括教学目标和内容的设定，还涉及对学生身心健康的促进和多维度素质的培养，是现代教育不可分割的一部分。体育教学既需要理论知识的学习，也强调运动技能的实践，通过体验和参与达到教育的目的。

综合来看，体育教学的本质是通过体育活动，在教师的引导下，帮助学生学习体育知识、技能，并在德、智、体、美、劳各方面达到全面发展。体育教学的过程是一个动态的互动过程，旨在通过体育活动的参与和体验，促进学生的身心健康成长，为其未来的生活和发展奠定坚实的基础。

二、体育教学的特点

体育教学具有教学活动的一般特点，同时也具有体育学科的特殊特点，现主要针对后者详细分析如下。

（一）身体活动的常态性

体育学科特别强调身体的发展和活动，使得体育课程在教学方法和内容上与其他学科显著不同。在体育教育中，动态的身体活动成为教学的核心，体现了体育教学的独特性，区别于理论密集的学科。

相对于传统学科教育在课堂、实验室或多功能厅等静态环境中进行，体育教学倾向于在户外或宽敞的运动场所，以适应运动技能练习的需求。在这些教学场景中，动态交流和互动不仅被允许，而且被鼓励，以促进学生对体育技能的掌握。

体育教学过程特别注重身体运动的练习和重复，体现了身体活动的持续性。教学内容不只是直接的运动技能训练，还包括为即将进行的体育活动做准备的练习，充分展示了体育知识的实践性。教学活动不限于学生，教师在示范、指导乃至参与团队比赛时也同样投入大量的体力劳动。

因此，在体育课堂上，学生和教师进行频繁的身体锻炼和运动实践是非常普遍的现象，这种动态和常态化的身体活动特征，是体育教学区别于其他学科的显著标志。

（二）身心练习的统一性

在现代健康教育理念中，身体健康和心理健康被视为健康的两大关键要素，它们之间存在着密切的互动关系。一方面，良好的身体健康状态能够积极促进个人的心理状态；另一方面，稳定和健康的心理状态对维护和促进身体健康同样具有显著的作用。这两者之间的互动不仅彼此促进，还相互依存，共同构成了个体健康的基石。因此，体育课程旨在促使学生的身心健康共同进步。

与此相比，在一般学科教学中，虽然强调了智力和心理的培养，但在身体健康方面的关注度较低，难以达到身心一体化的发展目标。

体育课程的教学不仅着眼于学生身体能力的提升，也致力于加强对学生心理素质和应对能力的培养。与其他学科相比，体育教学通过创造多样化的学习环境，有效促进了学生在身体训练中的心理发展，实现了身心协调和全面发展的目标。

体育教学不仅有助于学生体质的增强和运动技能的提高，而且对于培养学生的思维习惯和心理素质也至关重要，有助于学生实现身心的和谐发展。具体来看，体育教学中学生的综合锻炼主要涵盖三个方面：首先，选择的教学内容应当贴合学生的身心健康需求，符合他们的心理发展阶段，同时满足他们在美学、社交等多方面的需求。其次，教学方法应适应学生的发展特点，根据他们的身心条件合理安排教学活动，促使身心共同成长。最后，在运动负荷的安排上也应注重身心的平衡，确保运动量适中，既能促进学生的身体健康，又能通过运动过程中的心理体验，加强意志力和团队精神的培养，实现学生身心的全面发展。

（三）技能学习的重复性

在当代体育课程中，重点放在通过动态活动促进学生身体强健、心理平衡及社交技能的全面成长。教学内容主要聚焦于动态练习，其中运动技能的习得是核心部分，要求学生在学习运动技巧的过程中进行持续的实践和重复。

科学研究揭示，学习任意一项体育运动技能都遵循一定的发展阶段和规律，这个过程通常包括：从分解动作到连贯动作的练习，进而独立执行连贯动作，最终达到流畅掌握连贯动作。为了精确掌握运动技能，学生必须投入持续而重复的练习中。无论是篮球、足球、排球等球类运动的复合技能，还是体操的翻滚动作和田径的跑步技能，学生都将经历从初学到熟练，从简到繁的学习历程。在这一过程中，体育教师应该坚持循序渐进的教学原则，依据运动技能的具体特点适当规划练习的内容与时长，以确保学生能够通过不断的实践有效提升其运动技巧。

（四）教学过程的直观性

体育教学的过程强调直观性，这一特点在教学内容的讲述、动作示范以及教学的组织和管理方面尤为显著。以下是具体说明：

1. 教学内容的直观表达

在体育课程中，教师讲解的内容需直接、简洁并易于学生理解。体育教师在传授体育知识时，应使用富有活力的语言和肢体动作，使信息传递更加形象化和有趣。特别是涉及复杂技能的教学环节，教师需要用简明的语言和生动的例子使复杂技能易于理解，以提升学生的学习效率。

2. 示范技能的形象化

在体育教学中，学生首次接触技能动作通常是通过教师的示范。教师在展示技能时，应提供清晰、准确的动作示范，包括正确和错误示例，以直观地展示给学生看。这样的示范能帮助学生直观地识别正确与错误的动作，建立准确的动作概念，进而更好地理解和掌握体育技能。

3. 教学管理的可见性

在体育教学活动中，教师与学生的互动比其他学科更为频繁和直接。体育教师在教学管理上的表现，学生能直接观察和感受。这种互动不仅有助于建立积极的师生关系，也是对学生行为的无形引导，有利于创建一个轻松愉快的学习氛围，确保学生能以最真实的状态参与学习过程，同时也方便教师获得有效的教学反馈。因此，直观性在教学管理中要求教师注重创造良好的学习环境，促进教学过程的科学性和合理性。

（五）教学内容的情感性

随着时间的推移，现代体育教学范围已经广泛扩展，覆盖了传统的球类运动、游泳、田径体育舞蹈、瑜伽，甚至包括了众多户外冒险训练等多样化内容。学生们通过对这些体育项目的学习和参与，得以深刻体验到体育活动带来的多元化情感享受。

在现代体育教学中，学生通过不同的体育项目获得的情感体验主要涵盖了以下几个层面：

1. 体育活动中的美感体验

在体育教学活动中，学生们有机会感受到体育独有的人体美、健康美和运动美。一方面，学生们通过学习和练习体育运动，掌握了保持身体健康和塑造身体线条的技巧，进而拥有了健康和美丽的身体状态；另一方面，通过参与多样的运动项目，学生能够欣赏到运动中人体动作的优雅和肌肉线条的力量之美，这种美是运动过程中特有的，非常直观和生动。通过这种美的体验，学生的审美观念得以提升，培养了欣赏美的眼光和能力。

2. 体育精神的美感体验

在体育教学过程中，每一项体育活动都能展示其独特的美学特质和审美价值。例如，在球类运动中，学生可以展示自己对技术的精通；在团队项目中，则体现了团队合作和互助的精神。这些体验使学生深刻感受到体育活动中的精神美，学习体育的深层意义。参与体育活动不仅能提升学生的精神层面，还有助于情绪调节，培养平和心态，如保持比赛中的镇定或胜利后的谦逊。

3. 体验丰富的社会角色情感

体育教学是一项充满创造力的社会活动，它的成果之一是让学生体会到内心的启迪和顿悟。在不同体育项目中扮演的多样角色，如足球运动中不同位置的球员，或体育竞赛中的运动员、教练、观众等，使学生体验到丰富的情感，这对他们将来适应社会中的多元角色有着积极的意义。

（六）教学环境的开放性

体育教育的环境特征体现在教学空间的广阔与活动场景的多样性上。从一方面来看，体育课程通常在开阔的户外空间中进行，如学校的运动场，与传统课室内的教育模式形成鲜明对比，这使得体育活动场所拥有更高的灵活性和开放度。另一方面，体育活动中师生互动的自由度高、适应性强，任何有益于学生全面成长的教学场景都可能被融入教学中。

开放的体育教学环境带来的是一种与众不同的教育体验，区别于室内以讲授为主的学科，体育教学面临更多变量。在此背景下，教师在开展户外体育课程时需要注意几个关键点。首先，由于户外教学容易受到天气变化、场地条件及周边环境噪声等因素的影响，教学的组织和管理变得更加需要周详的计划与灵活调整。其次，户外体育教学呈现动态变化的特性，考虑到班级人数较多以及活动形式的多样性，教师需动态地管理学生，实施分组教学，并依赖学生干部与体育活动骨干的支持与配合。最后，考虑到课程中需使用各式体育器材及设施，结合学生技能水平的差异性及器材使用习惯的多样性，加之部分器材可能因质量不佳或磨损而增加使用风险，教师必须高度关注教学过程中的安全保障。

（七）教学条件的制约性

体育教学的独特性体现在其内容的多样性和教学环境的开放性，受众多因素的影响，成为其显著特征之一。体育教学环境的质量，包括内在和外在因素，对教学过程产生显著影响，具体体现在以下几个层面：

1. 学生层面

学生是体育教学过程的核心，学生相关的多种因素对教学效果具有决定性作用。影响因素涵盖学生的体育基础、年龄、性别、身体和心理条件以及外部条件如教学场所、设备和气候等。这些要素综合作用于教学内容的选择、教学方法的应用、教学计划的制订等，对教学成效产生关键影响。教学过程中，充分考虑学生的个体差异和体能状况，采取差异化教学策略，是实现教学目标和提高教学质量的关键。

2. 教师层面

教师在体育教学活动中扮演着关键角色。教师的专业能力、教学技巧掌握程度以及教学管理和组织能力直接影响教学效果。因此，教师的专业成长和技能提升对于提高体育教学质量至关重要。

3. 教学环境层面

教学环境的条件直接关系到体育教学的实施和效果。户外体育活动受环境影响较大，如空气和噪声污染可能会影响教学状态和学生情绪；恶劣天气如雨雪大风也可能迫使体育活动转至室内，限制了实践课程的开展。因此，教学环境的适应性和灵活性对于确保教学活动的连续性和有效性至关重要。

为了确保体育教学活动的有效进行，需要系统考虑和克服这些制约因素的影响。体育教师在规划年度教学计划和具体课程时，应综合考虑这些因素，科学选择教学内容和方法，并根据实际情况调整教学组织形式，利用自身条件和特点，促进教学目标的实现。

（八）人际关系的多边性

在体育教学中，师生之间以及学生相互之间的互动不同于传统课堂教学的单向传授模式。体育课堂是一个充满活力的互动平台，这里的交流与合作频繁而复杂，人际互动在课堂中扮演着核心角色，展现出其独特的多维性。

观察体育课的组织结构，可以发现教学活动涉及从个别学生到成对、小组乃至整个班级的动态互动。这种设置要求学生在变化的环境中完成各种身体活动，同时在多种社会角色中切换，建立起丰富的社会联系。因此，在体育教学环境中，师生、生生之间的人际交往既频繁又多样，师生关系呈现出多样化和动态性。

这种人际关系的复杂性对体育教师的组织管理技巧提出了较高要求。教师需要采取多样化的交流沟通策略，促进学生之间的相互配合和正向互动，引导他们在体育活动中学习有效的社会交往技能。此外，教育学生如何在集体中协作、支持与批评同伴，不仅有助于提升他们在体育领域的社会技能，也能将这种积极的社会互动能力扩展至校园之外的生活和社交场景。

第二节 体育教学内在性质与主要功能

一、体育教学的性质

体育教学的特殊性主要表现在以下几个方面，这些方面共同构成了体育教学独特的教学环境和体验：

（1）教学场所的灵活多样：体育教学活动往往在室外如操场、运动场所进行，利用自然的空间和环境，使得教学充满变化和生动性。然而，随着现代教育的发展，体育教学也逐渐进入室内体育馆，特别是在不利的气候条件下，室内体育馆提供了一个稳定且安全的教学环境。

（2）身心负荷的共同承担：体育教学不同于纯粹的认知学科教学，它要求学生和教师同时承受身体和心理上的负荷。学生需要通过身体运动来学习和掌握技能，而教师则需要在保持教学热情和活力的同时，有效管理和指导学生的活动。

（3）身体与思维的融合：体育教学强调身体运动与思考活动的结合。通过运动技能的学习和实践，学生不仅锻炼了身体，还培养了解决问题的能力和团队合作的精神。频繁的师生和生生之间的互动使得体育教学成为一个充满活力和交流的过程。

（4）培养综合能力：体育教学旨在全面提升学生的能力，不仅包括身体的协调性、运动感知能力，还涵盖运动智能。这种全方位的能力培养使得学生在体育活动中获得身心的成长和提升。

（5）亲身体验与自主参与：体育教学特别强调学生的主动参与和亲身体验。与传统课堂相比，体育课堂更加注重学生的个人体验和主观能动性，鼓励学生在参与中学习，在体验中成长。

值得注意的是，体育教学中的"实践性"特征非常关键，与化学或物理学科的实验性质不同，它涉及的是身体技能的练习。这是体育运动技能教学，作为现代体育教学中最关键的教学形式，区别于其他学科的显著特点之一。在传授运动技能的过程中，学生需经历从认知、实践到完善等多个阶段。例如，在运动技能的认知阶段，学生需要对技能的结构、元素、关系、力度、速度等进行初步的理解和认知，这一阶段的学习使技能成为提高身体素质和完成运动动作的手段，显示出其"操作性知识"的特点。

综合以上分析，体育教学的核心属性在于其体育性。它本质上是一种围绕运动技术和知识进行的教育活动。通过体育教学，学生不仅学习到了运动知识，还能将这些知识转化为实际的运动技能，从而达成体育教学的目的和目标。

二、体育教学的功能

体育教学作为教育领域的一个重要分支，不仅扮演着向学生提供生物学、生理学、心理学、医学以及基础体育知识的角色，而且它还担负着传递专业体育锻炼方法和技巧的独特职责。通过这种方式，学生能够学习并精确执行各项运动技能，实现了教学的三重目标：知识获取、身体健身以及技能提升。更进一步，体育教学在激发学生的爱国情怀、强化集体主义观念、促进友爱互助以及培育坚毅向前和积极探索的精神方面发挥了显著作用。总的来说，体育教学在以下几个方面展现了其独有的功能和价值。

（一）健身功能

增强学生体质是体育教学的核心目标，同时也是体育活动的根本目的。随着时间的推进和教育改革的深入，当代体育课程的规划、教材选取、课时安排及教学实施方面已日益趋向合理和科学。

体育课程的健身效果主要涵盖以下几个关键领域：

（1）促进学生生理成长：体育活动直接对学生的身体产生积极影响，尤其是对于处在生长发育阶段的孩子和青少年而言，这一时期他们的身体具有较高的塑形能力。目的性强的体育课程不仅有助于孩子们健康成长，而且通过定期进行体育锻炼对促进其身体正常发育至关重要。这有助于学生形成良好的体态，构建强健的身体和协调的体型，促进其生理发展。

（2）增强体能和机能：体育锻炼对提升人体功能有着不可替代的作用。长期参与体育活动被证明能显著提升体能水平。定期的体育活动可以优化运动者的神经系统功能，促进骨骼的血液循环，强化骨质；扩大肺活量，保持呼吸系统健康；增强心脏功能，加速身体代谢过程。这些改变有助于提高学生的免疫力、疾病防御能力和对环境的适应性。

（3）促进身心能力全面提升：参与体育锻炼有利于全方位增强学生的体能。体能的提升基于运动实践，因此体育活动在发展多方面体能如心肺耐力、柔韧性、肌肉强度、敏捷性、平衡能力等方面发挥着核心作用。通过不断的实践与练习，学生可以达到高水平的身体能力，实现体能的全面发展。

（二）健心功能

体育活动对学生心理健康的积极作用是多方面的，不仅通过身体锻炼直接改善学生的心态，还间接通过身体健康的提升来促进心理状态的优化。心理健康是评估人体整体健康状况的关键指标之一，体育活动在学生身心健康的培养中起到了不可忽视的作用，具体体现在以下几个关键点：

（1）缓解情绪，减少压力：运动被证实可以提升心情，通过刺激身体内部激素的分泌，如增加内啡肽的分泌，带来快乐感。体育活动能够为学生提供一个从日常压力中解脱出来的机会，帮助他们从心理和身体上获得休息。

（2）心理调整，情绪稳定：体育教学为学生提供了丰富的情绪体验。在体育活动中，学生需要面对成功和失败的经历，其中失败的情况往往多于成功，这有助于学生学会如何在逆境中调整心态，保持平和。同时，教育的重点也包括传授社会道德规范和价值观，为学生步入社会做好准备。

（3）意志力锻炼，品格塑造：学习体育运动技能的过程能够极大地强化学生的意志力。此外，遵守体育活动中的规则和纪律能够培养学生的品德，如诚实、尊重对手、尊重规则等，这些习惯不仅仅局限于体育课堂，还应延伸到学生的日常生活和社会行为中。

（4）促进社交，人格发展：体育运动为学生提供了与人交往的平台，尤其是在他们的价值观和人生观还在形成的过程中，体育教学通过集体活动加强学生之间的交流和合作，有助于他们建立正向的人际关系，同时通过团队合作强化了集体意识，学习如何在个人与集体利益之间找到平衡。通过这些体育活动，学生不仅学会了如何为了团队的胜利共同努力，而且还学会了如何在社会中更好地适应和沟通，这对于他们的个性发展和社会适应能力具有重要意义。

（三）知识传播

教育涉及知识和技能的传递，正如韩愈在《师说》中提到的"传道、授业、解惑"，这三个要素共同构成了教育的全面过程。因此，教育的目的在于传递知识以助学生克服困惑，这是体育教师在传播体育知识时扮演的关键角色，体育教学因此担负着传达体育知识的核心使命。

体育教学的过程主要通过对学生进行身体训练来完成，从教学的角度看，体育知识可被视为一种与身体相关的知识。这种知识随人类进步而发展，在每一个社会阶段都有其特定的体育知识传递方式。例如，在古代社会，基本的身体活动如行走、跑步、跳跃、投掷和击打是捕猎或逃避野兽的必备技能。到了现代社会，体育知识的传递则涵盖了各种体育运动（例如篮球、体操）的基础知识及技巧。通过教授体育理论和知识，学生能够学习到更丰富的关于体育健康和保健的信息，从而从根本上增强他们参与体育活动的意识，激发他们对体育学习的积极性和主动性，最终促使学生的身心健康得到全面提升。

（四）技能发展

通过体育课程的精心规划与执行，学生能够学习和提升体育技能。古代人们依赖基本的运动能力如行、跑、跳、投、打进行捕猎和采集，以此作为生存技巧的基础。

与古代不同，现代体育课程强调的技能更加专业化，包括球类运动、武术、田径和游泳等方面的专业技巧。研究证明，适量的体育活动对提升个人的身体素质极为有利，因此体育课成为这些专业技能传授的理想平台。

在高校的体育教学中，教学活动的安排是一个将体育知识和技能传递给学生的互动过程。没有实践活动，学生将无法掌握各种运动技巧。运动技术作为体育课的核心内容，包括了具体的运动技巧教学，比如足球的传球技术，具体到如何使用内脚背传球。这种技术学习不仅要求学生对运动理论有充分理解，还需要他们亲身参与技术的练习，通过反复的实践，在脑海和身体中建立起对技巧的感知，最终能够自如地执行这些动作。随着练习的持续，进一步提升体育技能。

体育教师在这个过程中扮演着至关重要的角色，他们不仅是技术的携带者也是传播者。在教授技能时，教师应该从最基础和初级的技能开始，逐步深入，让学生由浅入深，循序渐进地学习，最终掌握复杂的技能。

（五）文化传承

传播体育知识和技能是为了保持体育文化遗产的连续性。体育教育的核心目标是向学生灌输正确的体育活动方式，旨在对他们的身心健康造成长期积极影响，同时也是为了继承和弘扬体育文化。

在体育教育过程中，体育文化的继承并非仅仅复制"身体知识"，而是通过教学过程，将体育的丰富文化遗产传递给学生。体育老师通过教授运动的技巧和理论，展示体育活动背后的深厚文化内涵。

传递体育文化需要一个持久且系统化的教育模式，涵盖学生的成长历程和人类社会的进步。为了有效地传承体育文化，教育者需要从以下两个层面着手：一是确保体育课程内容的连续性，将不同体育课程中学到的各项技能整合，构建起完整的运动知识体系。二是保持体育教学的持续性发展，体育教学应跨越从小学到高校的不同教育阶段，形成一套贯穿学生学习生涯的教学计划，促进学生对体育文化的全面理解和传承，进而丰富其人生经历。

从全人类社会的角度来看，现代教育强调人本主义，对人本主义教育理念的追求不仅凸显了体育教学的独特性，也赋予了其知识传承的特别意义。在体育教育实践中，强调学生作为学习的主体，他们是体育文化的承载者与传播者。正是通过持续的知识、技能和文化传承，体育竞技文化、奥林匹克精神以及群众体育文化得以不断充实与演化，从而推动了社会的整体进步。

（六）美育功能

体育中的美学元素涵盖了广泛的领域，将健康、力量和美感融入体育活动之中，既体现在运动者的静态姿势美中，也体现在动态运动的节奏中，彰显了对美的追求。体育活动不仅在其过程中凸显了美的元素，而且其成果也充分展示了美的实现。在体育教育的实施中，体育对学生的审美教育作用具体体现在以下几个方面：

（1）通过体育活动的参与和科学的锻炼方法，体育教育促使学生拥有良好的体形和姿态。

（2）在体育教学中安排比赛活动，让学生在公正竞争中取得了成就感，增强了他们的自信心。

体育教学活动还能提升学生的审美观念和能力。系统性的体育课程教育能引导学生建立健康的审美标准，从而体验到积极向上的审美情绪。这种审美不仅仅局限于对运动技巧和身体形态的欣赏，也包括对运动精神的认可，通过感知体育之美，学生的美学鉴赏力和对体育美的理解力将得到显著提升。

第三节 体育教学追求的目标与遵循的原则

一、体育教学的目标

（一）体育教学的条件关系

在体育教育领域，与体育教学的终极意图相关的术语众多，例如体育教学目的、体育教学目标和体育教学任务等，这些术语有时会存在混淆。探究"体育教学目的"与"体育教学目标""体育教学任务"之间的联系与区别，可以明确如下：

1. 体育教学目的、体育教学目标、体育教学任务的定义

体育教学目的指的是开设体育课程和实行体育教育活动的根本意图和起

点。它作为运动和体能训练的核心手段，植根于体育教育的全过程，提供了一种综合和全面的视角，指引着体育教学活动的总体方向。

体育教学目标是指在达成教学目的过程中设立的、预期达成的具体成效和最终成果。这反映了在教学过程的各个阶段以及教学活动结束时希望达到的具体结果。

体育教学任务则是指为了实现教学目的和教学目标而需要承担的具体工作或责任。它描述了为达成预定目的和目标必须完成的具体活动和努力。

通过这种分类，可以更清晰地理解体育教学中目的、目标和任务三者的关系和差异，其中目的提供方向，目标确定成效，而任务指明行动路径。

2. 体育教学目的、体育教学目标、体育教学任务三者之间的关系

体育教学的目标、目的和任务之间构成了一个层次分明的相互关联体系：整体的体育教学目标由各个阶段目标累积形成。

实现终极体育教学目的的标志是达到了设定的最终体育教学目标。

完成体育教学目的和目标所需进行的具体操作和承担的职责构成体育教学任务。

以日常生活中的例子进行说明：当某人组织一次聚餐增进友情时，聚餐的意图是增进彼此感情；整个聚餐成功让朋友开心的总目标是感情的增进；细分的目标包括安排好接送、确保餐食美味、营造良好的就餐氛围、进行愉快的交谈等；而完成这些目标的任务涉及选择合适的餐厅、准备有趣的话题、安排适当的座位等实际工作。

同样，在体育教学的背景下，如果目的是通过篮球教学让学生掌握篮球技巧，增强他们的体育活动能力，那么整体的篮球教学目标是学生掌握关键篮球技能和相关知识；分阶段的目标包括学习基础篮球技巧、掌握战术应用、了解篮球规则等；而这些目标的实现任务则是通过一系列具体的篮球教学课程，逐步引导学生掌握基本技巧、学习战术运用、了解比赛规则等。

体育教学目标在体育教学体系中扮演着承上启下的关键角色，既指明了方向也设定了具体的执行标准，因此是体育教学过程中必须认真对待的关键元素，这解释了为什么近年来体育教学目标成为体育教学改革的热点议题。

（二）制定体育教学目标的依据

1. 对学生的研究

教育本质上是一个促使个人行为模式转变的过程。这里所说的"行为"概念包罗万象，既涉及明显的动作也涵盖思想和情感层面。当从这个视角审视体育教学，体育课的目标即成为追求学生在多方面行为上发生变化的象征。为实现体育教学的既定目标，必须全面了解学生的各个方面。

（1）学生的身心成长规律。体育课程以学生为中心，其任务设置、内容选择、结构安排以及教学与训练的策略等，都需基于学生身心成长的自然规律。从心理角度看，学生的发展主要围绕认识能力、情绪与意志力以及个性成长等方面；从生理角度考虑，则关注形态成长、机能发展以及体能提升等方面。不同年龄段的学生，在身心成长上存在显著差异。体育教学工作只有遵循学生身心成长的具体特征，方能针对性地进行，从而实现既定的"目标"。

因此，了解学生的身心成长规律，为设定体育课程目标提供了必要的生理与心理基础，反映了学生身心成长的普遍规律及其作为体育教学主体的基本需求。只有深入理解学生的身心特点，所定的体育课程目标才具有科学性，能有效指导教学实践，实现体育教学的目的。

（2）在教育领域内，理解学生全面成长的需求是关键。教育的本质，如同韩愈在《师说》中所述，"传道、授业、解惑"，旨在全面地影响学生。现代教学依托于客观真理和科学原理，但过分依赖书本知识可能导致学生丧失个性和目标感，甚至出现对书本知识的过度依赖。目前，教育实践缺乏对人的全面发展和精神成长的关注，很少有研究将课程内容与个人精神自由、人生完善紧密联系。通过强调人的本质和生命目标的哲学思考，教育研究可以提升至更高层次。因此，人的生命与成长应成为课程研究的核心，所有知识内容的安排都应以促进人的全面成长为标准。

人的成长，特指个人的成长，是教育、心理学、社会学、人类学和教育学等多个学科的研究重点。教育学视个人成长为一系列量变和质变的复合过程，其中涵盖了从生理个体到具有无限创造力的社会成员的转变，包括身心、智力、道德、审美和技能等多方面的发展。

在教育讨论中，人的成长不仅包括个人的自然成长也涵盖社会成长。个人的自然成长与社会成长紧密相连，互为补充。这一过程表明学生个体的成长实际上是自然成长因素、社会影响和教育过程的综合作用，解释了为什么同一教育环境下的学生会展现不同的学习能力和成长水平。体育课程通过体育活动的引导和教育促进学生的健康成长，实现社会期望的人才标准。由于体育课程旨在培育不断成长中的人，教育的核心任务是依据人的成长需求，结合自然成长因素和社会影响，促进学生的全面发展。

总之，体育课程的设计、实施都应遵循人的成长规律，无论是针对群体还是个体，其成长的规律都应作为制定体育课程目标和计划的根本依据。

2. 对社会的研究

探索社会需求主要是分析社会在经济、政治、科技文化及生产力发展水平上对体育课程的期望。这反映在社会对培育人才的质量标准上。当前全球正经历国际竞争加剧与科技革命带来的挑战，经济和综合国力的竞争实质上是教育竞争的一部分。为了应对这一新局面，我国的体育课程需要基于对人才新需求的理解来设计，同时顾及我国体育教育的现实条件，包括师资力量、设施、资金等因素，确保体育课程目标既科学又实际。

社会对文化继承的需求同样不可忽视。文化的继承不仅仅是对传统的保存与传递，而是应当有选择性地吸纳并转化为适应现代社会的价值，继而加以推广。体育课程过去可能过于强调身体素质的提升，忽视了体育作为社会文化组成部分的继承。

教育的本质在于实现文化的传承，其中体育教育通过体育课程成为体育文化传承的关键。体育课程通过向学生传授体育知识和文化，实现文化的传递和继承。首先，体育本身作为文化现象，反映了体育的文化属性。其次，体育课程作为体育文化传承的渠道，为学生提供了了解和接触体育文化的机会。最后，体育课程的多样性丰富了体育文化传承的方式，包括正式课程、隐性课程和社会课程等。

确定课程目标时，不能仅依据对社会需求的分析，而应结合社会对人才需求的现实基础。社会需求是变化的，今天制定的课程目标需要具备一定的前瞻性，基于对社会发展继承和进步规律的预测。这样，课程目标既能反映当前社会需求，又能适应未来发展趋势。

3. 对学科的研究

学校课程的核心目的是向学生传授那些在其他社会环境中难以获取的专业知识，其中学科构成了知识传授的基础。体育课程专家们对学科基础理念、逻辑架构、研究方法、未来发展以及其在教育系统内的功能和与其他学科的关联的深刻理解，制定课程目标的关键参考。

体育课程的多功能性是制订课程目标的关键参照点，反映了课程的内在属性和通过体育教学期望学生达到的成果。迄今为止，体育课程展现出了包括促进健康、教育启蒙、智力开发、情感培养、集体协作、审美培养、休闲娱乐以及竞技技能培养在内的广泛功能。这种功能的多样性促使我们以新的视角审视过往那些单一的、偏向生物学的体育课程目标，并推动我们从生理、教育、心理、社会等多个维度全面理解体育课程，构建一个多维的学校体育目标框架。

因此，基于这些明确的功能制定的体育课程目标，是发挥学校体育教学功能、确保教学目标顺利实现的关键。

二、体育教学的原则

（一）体育教学原则的概念

在中文里，"原则"这一概念常常被理解为处理和审视问题的基本标准。因此，在教育学领域，教学原则通常被认为是教学活动中的根本要求和 guiding principles。教学原则对教学全过程具有全面指导作用：首先，它们为教学活动提供了基础指南和规则，使教育者能以此为基础安排教学流程；其次，教学原则在教学过程中充当着总体的调整器，教师需要依据这些原则来优化和控制教学活动；最后，教学原则也是评估教学效果的基准，教学的优劣在很大程度上取决于教学原则的执行情况。因此，掌握并贯彻教育学所述的教学原则对于教育工作者和教学管理人员来说至关重要。

综上所述，体育教学原则构成了体育教学实践中最基础的要求，它们是维护体育教学特性的根本要素，也是评价体育教学效果的关键标准。

（二）体育教学原则的作用

体育教学原则在体育教育活动中扮演着核心角色，代表着教学活动必须遵循的规范和标准。它们不仅指导着体育教学的方向，而且调节着教学的各个环节。体育教学原则决定了课程内容的设定、教学手段的应用以及教学方式的选择。深入理解和应用这些原则，可以帮助教师根据体育教学的固有规律来规划和执行教学策略，有效地处理教学策略、内容选择和组织方式等方面的挑战。依据这些原则进行教学能显著提升教学品质，相反，忽视这些原则则可能导致教学成效不佳。

体育教学原则的影响力并不是依赖于单个原则的作用，而是需要一套完善的教学原则体系来共同发挥作用。教学原则体系意味着教学中的各个原则相互依存、相互作用，构成一个统一的整体。构建一个科学且全面的体育教学原则体系对于全面指导体育教学过程至关重要。由于对体育教学规律理解的差异，人们在建立教学原则体系时可能会从不同的学科角度出发，如社会学、教育学、心理学等，导致在如何构建一个统一的体育教学原则体系上存在观点上的分歧。

（三）体育教学的主要原则

1. 主动参与性原则

主动参与性原则强调在教师的引导下最大程度地激发学生的主动参与意愿，促使学生积极投身于学习活动中，养成主动学习和创新的习惯，将完成学习任务的责任感转化为学生的自发行为。

该原则基于教与学的互动过程中学生主动性的重要性。它认为，虽然教师在教学过程中起主导作用，拥有丰富的体育知识和经验，但学生的学习动力也非常关键。教师不仅在计划的设立和实施上占主导地位，还需在教学调控中发挥作用。与此同时，学生作为学习的中心，其自主学习的热情并非天生自带，而需要教师通过恰当的引导和激励来唤醒和维持。当学生展现出学习和训练的主动性时，他们可以更有效地自我管理，并与教师的管理相协调，共同促进教学目标的达成。因此，在体育教学中，将教师的引导作用与激发学生的主动参与性有效结合是提升教学效果的关键。实施主动参与性原则的核心要求包括：

（1）熟悉学生个体特性。教师需深入掌握学生个体的独特性与整体概况。这包括了解他们的兴趣、需求、强项以及面临的挑战与不足。这是实现优质体育教学的基础。然而，真正做到理解学生并非易事。教师达到"知人知面又知心"的境界，关键在于教师本身。因为教师是师生关系的主导者，若教师不主动去了解、关心学生，学生便难以对教师产生信任，更谈不上"知心"。唯有做到"知人""知面""知心"，才能奠定调动学生自觉积极性的基础。

（2）教师主导作用的发挥。学生的自觉积极性并非纯粹自发，而是需要通过一系列细致的工作来充分激发。因此，要调动学生的积极性，必须发挥教师的主导作用。教师的主导作用在教学中体现为通过讲解、示范、组织教学等方式，引导学生专注于教学内容。更重要的是，教师应为学生提供和创造良好的条件，使外部因素顺利而迅速地转化为内部因素，从而激发学生的自觉积极性。

（3）建立和谐民主的师生关系。在体育教学过程中，教师应以身作则，既要严格要求学生，又要满腔热情地关心与信任学生，以实现师生关系的融洽和谐，情感息息相通。这种良好的人际关系有利于学生主动参与体育教学。

（4）关注学生内在动力的培养。学生学习的内在动力是激励和推动学生的内在驱动力。教师应不断提升教学的艺术性和启发性，培养学生正确的学习动机和兴趣。动机是所有行为的前提，是推动学生学习、锻炼的心理基础。只有让学生形成正确的学习动机，才能发挥学生的主体作用。

（5）培养学生自主学习、练习和评价的能力。自主学习、练习和评价的能力是培养学生经常参加体育锻炼习惯、培养终身体育锻炼意识的重要基础。在教师主导作用的前提下，要为学生自主学习、练习和评价能力的培养与发展，创造一个良好的外部环境，让学生独立自主、生动活泼、主动地学习和锻炼。

2. 直观性原则

在体育教学中，教师应充分利用学生的多种感官和已有经验，通过学生的感觉器官去感知事物，以此培养学生的观察能力和积极思维能力，丰富学生的直接经验和感性认识，为掌握体育知识、技术和技能奠定基础。

这一原则的依据是辩证唯物主义的认识规律。从生动的直观到抽象的思维，再从抽象的思维到实践，这是认识规律，也是认识客观实际的辩证途径。任何知识的来源，都源于人的感官对客观外界的感觉。在体育教学中，学生掌握体育的知识、技术和技能，也是从建立感性认识开始的。首先，必须使学生感知所学的动作（包括触觉和本体感觉的感知），在感知的基础上建立起完整的、正确的动作形象和概念，从而为学生掌握体育的知识技术奠定基础。贯彻和运用直观性原则的基本要求如下：

（1）综合运用身体的各种感觉器官，感知体育教材，扩大直观效果。在体育教学中，除通过视觉、听觉来感知动作的形象、结构和要领外，还要通过触觉和肌肉的本体感觉来感知完成动作时肌肉用力的程度、方法，以及空间与时间的关系等，以扩大直观教学的效果。

（2）充分发挥教师本身对学生的直观作用。教师自身的一切活动，都是学生观察的目标，特别是教师的动作示范、语言表达等都是学生获得生动直观的主要来源。学生模仿能力很强，所以，要求教师必须加强自身修养，提高体育理论和运动技术水平，重视动作技术示范的准确性和规范性。

（3）充分运用多种直观教具和手段。要借助多种教学媒介和各种现代化教学手段，如模型、图片、幻灯片、录像、录音、电影等，以发挥直观教学的作用。

（4）善于引导学生观察和激发学生积极思维的能力。直观性是通过学生直接观察运动动作的形象来实现的。学生在教师的指导下，通过分析、比较，弄清正在学习的与已学过的身体练习有何联系。辨别运动动作的技术结构，找出动作技术的关键，明确正确动作与错误动作的界线，从而形成运动动作的正确表象。同时，还要防止一般化的观察和单纯形式的模仿。

此外，选择运用好各种直观位置和把握使用时机，也将会取得良好的直观效果。

3. 因材施教原则

个性化教学原则要求体育教师在教学过程中，既要面向所有学生制定统一标准，又要针对不同班级和学生的个性差异进行区分对待，将集体教学与个别辅导相结合，以确保每位学生的潜能和特长都能得到充分的发展。

个性化教学原则的确立基于学生身心发展的自然规律以及个人发展的不均衡性。尽管同一年级和年龄组的学生在身心发展上存在共性，使得体育教学可以对他们提出统一的要求，但他们在身体形态、体能、运动技能、兴趣爱好、专项运动才能等方面也存在差异。这些差异要求在统一的基础上，注重个别差异，实施个性化教学。

实施个性化教学原则的基本要求包括：

（1）深入了解学生的整体情况和个别特点。这是实施个性化教学的前提。教师需要通过调查研究，全面掌握学生的体育知识、兴趣、思想品质、健康状况、体育基础和发展情况。了解了他们的共性和差异，才能采取适当的方法，进行个性化教学。

（2）关注全体，同时照顾个体差异。教师应将主要精力放在提高全体学生的水平上。在制定教学计划、确定教学目标和要求时，应确保大多数学生能够通过努力达到。同时，也要解决学生的不同需求，为体育能力强的学生提供更多发展机会，对体质较弱的学生给予更多关心和帮助，使他们在原有基础上逐步提升，达到教学要求。

（3）从实际出发。实施个性化教学时，还需考虑学校的实际条件。地区、季节、场地、器材设备等因素都会影响体育教学效果。教师在设定教学目标时，除了要考虑教材、学生特点和教学方法外，还要考虑这些客观条件，以更好地实施个性化教学。

第二章 现代高校体育教学思想基石

第一节 体育与德育的结合——寓德于体

当前的高校体育教学正处于变革与发展的关键时期。随着教育理念的不断更新以及对学生全人教育需求的增加，体育教学不再仅仅局限于传授体育技能和提高体质，更加注重学生德、智、体、美、劳全面发展。然而，面对体育课程内容的单一化、教学方法的传统化以及学生参与度的不足等问题，高校体育教学亟须寻找新的发展路径。

在此背景下，体育与德育的有机结合显得尤为重要。德育，即道德教育，旨在培养学生的道德品质、社会责任感和良好的公民素养。将德育融入体育教学，不仅可以丰富体育课程的内涵，使学生在体育活动中学习团队协作、公平竞争、尊重他人等社会道德规范，还能有效提升学生的道德判断能力和道德行为能力，促进学生全面健康成长。

体育与德育的结合，有助于构建一个更加和谐、积极的校园文化环境，使体育教学成为学生品德养成的重要途径。通过体育教学，学生可以在成功与挫败、合作与竞争的体验中，理解责任与担当的重要性，形成积极向上的人生态度和价值观。因此，探讨体育与德育结合的教学模式、策略和实践方法，对于提高高校体育教学质量、促进学生综合素质的提升具有重要的理论和实践意义。

一、体育与德育结合的理论基础

（一）体育教育与德育教育的定义和目标

体育教育与德育教育的结合，在高等教育领域内形成了一种独特的教育模式，旨在培养学生的全方位能力，使之不仅在学术上取得优异成绩，更在身心健康、道德修养方面得到全面提升。体育教育通过各类体育活动，如篮球、足球、田径等团队项目以及游泳、跑步等个人项目，不仅强化了学生的身体素质，增进了他们的健康意识，更重要的是，通过这些活动的参与和体验，学生们学会了如何在竞争与合作中寻找平衡，如何在挑战自我中发现自己的潜力，如何在团队中发挥个人的价值，以及如何面对胜利与失败。

同时，德育教育的引入为体育教育增添了深厚的道德内涵。通过体育竞技，学生们不仅仅是在锻炼身体，更是在经历一次次对勇气、坚持、团队精神、公平竞争等道德品质的实践和考验。这种教育模式强调通过体育活动来培育学生的社会责任感、正义感、同情心等，使学生在享受运动的快乐和挑战的同时，也能深刻理解和践行社会的基本道德规范。

此外，体育活动中各种规则和礼仪的学习，也是对学生进行德育教育的良好契机。学生们在遵守比赛规则、尊重对手、接受裁判决定的过程中，不仅学会了规则意识和公平意识，还学会了如何在复杂的社会环境中以积极健康的心态和行为规范自己，如何在集体中寻求个人的发展，以及如何在个人发展的同时贡献于集体和社会。

同时，德育教育的作用在培养学生成为社会负责任的成员方面发挥着至关重要的作用。这种教育方式致力于教导学生掌握并实践社会公认的道德规范和价值观，帮助他们构建健全的世界观、人生观和价值观。在德育的引导下，学生们不仅能够学习到如何判断是非、如何区分正误，更加重要的是，他们能够学习到如何作为一个有道德感、有责任感的公民，在社会中生活和工作。德育教育强调的不仅仅是理论知识的传授，更侧重于实践活动中道德规范的应用和体现，使学生们在日常生活和学习过程中，不断反思和加强自我道德修养。

通过德育教育，学生们能够深刻认识到自己与社会的密切联系，了解个人行为对周围环境和他人的影响，从而培养出强烈的社会责任感和集体荣誉感。这种责任感和荣誉感的培养，使得学生们在面对社会问题和挑战时，能够积极思考和行动，为社会的和谐与进步做出贡献。更进一步，德育教育还助力学生形成积极向上、乐观开朗的人生态度，为他们的未来发展奠定坚实的道德基础。

结合体育教育与德育教育，为学生提供了一个学习道德和社会行为准则的实践平台，使他们在参与体育活动的过程中，不仅享受到运动带来的乐趣和身体的锻炼，还能在不知不觉中接受道德和社会责任的教育。这种教育方式利用了体育本身固有的教育价值，通过体育活动中的实际体验，使道德教育的内容更加生动、直观，易于学生理解和接受。

在体育竞技中，规则的遵守培养了学生的正义感和公平意识，他们学习到了在竞争中尊重对手、遵守比赛规则的重要性，这不仅是体育竞技的基本要求，也是社会生活中不可或缺的行为准则。此外，团队运动中的协作经历让学生体会到团结协作的力量，理解到个人成功是基于团队努力的结果，从而培养了他们的集体荣誉感和责任感。同时，通过参与竞赛和接受胜败，学生能够体会到努力的价值，学会在挫折和失败中寻找成长的机会，从而培养了积极向上、勇于面对困难的人生态度。

例如，在足球、篮球等团队运动中，一个球队的胜利不仅仅依赖于个别球员的突出表现，而是需要全队成员的共同努力和默契配合。这种体验教会了学生，无论是在学习还是将来的工作中，团队合作都是取得成功的关键。此外，体育竞赛中的胜败教育还能引导学生正确看待成绩，认识到胜败乃兵家常事，重要的是参与过程中的体验和学习，而不仅仅是结果。

通过体育与德育的有机结合，不仅能够增强学生的身体素质，更能深刻地影响和提升他们的道德素养和社会责任感，为他们成长为具有良好道德品质的社会人才打下坚实的基础。

（二）体育与德育结合的研究现状和成果

在全球范围内，体育与德育结合的教育模式逐渐受到了教育工作者和研究者的广泛关注。众多研究成果支持了这一教育模式的有效性，认为它能够在增进学生体质的同时，进一步提升他们的道德水平和社会责任感。具体而言，团队运动教会学生如何在竞争中保持公正、如何在团队中发挥个人的最大价值以及如何在面对失败时展现出坚强的品格和乐观的态度。这些体育活动中的经历和教训，对学生的人格形成和社会化过程具有深远的影响。

国际经验表明，在体育与德育结合的实践中，不同国家根据自己的文化背景和教育传统，形成了各具特色的教育模式。在美国，学校体育教育广泛融入了服务学习的元素，学生通过参与社区服务的体育活动，学习团队合作、领导力和社会责任。英国的学校则更加重视体育活动在培养学生公正竞争观念和尊重他人中的作用，通过体育赛事和活动规则，传递公平、尊重和诚信的价值观。

此外，国际上还有许多创新的教育实践，例如采用体验式学习方法，让学生在攀岩、徒步等户外运动中学习团队协作和领导力；或者通过模拟奥林匹克运动会，让学生在体验运动员角色的同时，了解不同国家的文化，培养国际视野和跨文化交流能力。这些实践不仅丰富了体育教育的内容和形式，也为德育教育提供了更多元、更活泼的实施途径。

综上所述，将体育与德育结合的教育模式，显示出了其独特的教育价值和广泛的适用性。通过这种模式，学生不仅能够在身体上得到锻炼，更重要的是，还能在道德和社会能力上获得全面发展，为其成为具有社会责任感的公民奠定坚实的基础。

（三）体育与德育结合的理论支撑

在教育学领域，全人教育理论与德育教育理论为体育与德育的融合提供了深刻的理论依据，强调了教育的全面性和多元化。全人教育理论认为，教育的目标不仅仅是知识的传授，更重要的是促进学生在身体、智力、情感、道德等多方面的全面发展。这种教育理念强调了体育活动在促进学生身心健康、增强团队合作能力、提升自我控制力等方面的积极作用。体育教育，作为全人教育的重要组成部分，通过各种体育活动的参与，能够在提高学生体质的同时，增强他们的社会交往能力、合作精神和公平竞争意识，进而促进其全面发展。

德育教育理论则进一步明确了德育在学校教育中的核心地位，认为德育不应该是孤立的、附加的教育内容，而是应该贯穿于教育的全过程和各个领域之中。通过体育与德育的结合，学校教育能够利用体育活动的自然属性，如规则意识、尊重对手、自我挑战等，作为传递道德教育和价值观的有效途径。例如，体育比赛中的胜利和失败能够教会学生理解诚实、勇气和坚持不懈的重要性；团队运动可以加强学生的集体荣誉感和合作意识；而体育活动的公平性则能够培养学生的正义感和责任感。

将这些理论融合到体育教学实践中，不仅能够丰富教育内容，提高教育质量，还能够有效地促进学生的道德素养和社会能力提升。体育与德育的结合，成为实现学生全面发展，尤其是在培养学生高尚道德品质和良好社会公民身份方面的重要途径。这种教育模式的实施，需要教师具备跨学科的知识结构和综合运用多种教育资源的能力，同时也需要学校、家庭和社会三方面的共同支持和参与，共同为学生营造一个有利于其全面发展的教育环境。

总的来说，体育教育与德育教育的结合是一种创新的教育模式，它不仅能够提高学生的身体素质，还能促进学生德性的养成，为学生的全面发展奠定坚实的基础。因此，深入研究体育与德育结合的教育策略、方法和实践经验，对于优化高校体育教育内容、提升教学效果具有重要的意义。

二、体育与德育结合的实践意义

体育与德育的结合在高校体育教学中具有重要的实践意义，不仅能够丰富体育教学的内容和形式，还能有效促进学生的全面发展。将德育元素融入体育教学，是对学生进行全人教育的重要途径。

（一）体育教学中引入德育元素的重要性

在体育教学中引入德育元素，不仅丰富了体育教学的内容，也提升了教育的维度，使体育活动成为培养学生全面发展的重要平台。体育活动的独特性在于其通过身体运动直接参与的方式，让德育教育在不知不觉中渗透到学生的心灵深处。例如，在足球、篮球等团队运动中，学生必须学会如何公平竞争、如何在比赛中保持正直的行为，这不仅是对身体的锻炼，更是对心灵的磨砺。学生在体育活动中体验到的团队精神、公正竞争、尊重他人等价值观，将伴随他们的一生，成为他们作为社会成员的重要品质。

此外，德育元素的引入使体育教学不再单一地追求技能和体能的提升，而是更加注重学生人格的塑造和道德素质的提高。在体育教学中融入德育教育，如通过体育活动来强调诚信、勇敢、自律等品质的重要性，可以有效地促进学生道德认知的提升和道德行为的养成。这种教育方式更具体验性和参与感，能够激发学生内在的道德感，使道德教育的效果更为显著。

因此，将德育元素融入体育教学，不仅能够培养学生的身体素质，更重要的是能够促进学生道德素质的全面发展，为学生今后成为社会的有用之才奠定坚实的基础。这种教学方式的实施，需要教师具备相应的德育教育观念和方法，通过精心设计的体育活动，让德育教育在学生心中生根发芽，进而影响学生的一言一行，实现体育教学和德育教育的有机结合。

（二）寓德于体对学生全面发展的促进作用

寓德于体的教育模式，通过体育活动的实践，不仅培养了学生的体育技能，更重要的是促进了学生的品格发展和心理素质的建设。在团队体育项目中，学生需要学习如何与他人协作，如何在竞争中保持公正，这些都是社会生活中不可或缺的素质。体育活动通过对规则的遵循和团队目标的追求，自然而然地将这些重要的德育元素融入学生的日常行为中，使之成为学生性格的一部分。

更进一步，体育活动中的挑战和困难也提供了一个安全的环境，让学生在面对失败和挫折时学会坚持和勇气，这些体验对于学生的自我认知和自我价值的构建具有深远的影响。成功与失败的经历不仅能够教会学生胜利的喜悦和失败的反思，更能够引导学生学习如何在日后的生活中以积极的态度面对各种挑战。这种通过体育活动培养的心理韧性，对于学生应对未来学习、工作乃至生活中的压力和挑战具有重要作用。

此外，体育活动还能够促进学生对健康生活方式的认识和追求，这不仅是对学生当前身体健康的贡献，也是对其长远发展的投资。健康的生活方式能够帮助学生建立自信，增强社交能力，提高生活质量。因此，体育与德育的结合远远超出了体育技能的培养，它通过对学生进行全面的身心教育，为学生的终身发展奠定了坚实的基础。

总之，寓德于体的教育理念通过体育教学深入学生的内心世界，培养他们的社会责任感、合作精神、公平竞争观念以及心理韧性，为学生的全面发展提供了强有力的支持。这种教育模式强调德育与体育的有机结合，不仅促进了学生身体素质的提高，更重要的是促进了学生品德的升华和个性的完善。

（三）能培养学生的社会责任感、合作精神和公平竞争意识

体育活动作为培养学生社会责任感、合作精神和公平竞争意识的重要平台，具有独特的教育价值。在团队运动中，学生不仅要发挥个人技能，更要学习如何与队友协作，共同为团队目标而努力。这种集体活动的体验不仅能够加深学生对团队协作重要性的理解，而且能够让他们实际感受到自己对团队胜利的贡献，从而增强个人的集体荣誉感和社会责任感。在这个过程中，学生们学习到的不仅仅是技能和策略，更重要的是学会了如何为共同的目标付出努力，如何在集体中找到自己的位置。

同时，体育竞赛中固有的公平性原则要求所有参与者都在同一条起跑线上，公平地竞争。在这种环境下，学生被教育要公正地对待对手，诚实地遵守规则，这种做法有助于培养学生的正义感和对公平的深刻理解。通过体育活动，学生在体验竞争的同时也学习到了尊重的重要性——尊重对手、尊重规则、尊重比赛的结果。这种尊重是体育精神的核心，也是作为社会公民应

具备的基本素养。

更进一步，体育活动还提供了一个展示个人能力，同时认识和尊重他人能力的平台。在运动中，学生可以体验到个人努力的价值，同时也能看到团队合作带来的成果。这种体验使学生意识到，在社会中，个人和集体的成功是相辅相成的。通过体育活动中的实际体验，学生不仅提升了自己的社交能力，更重要的是培养了一种健康的竞争观念，学会了在竞争中寻找合作，在合作中实现共赢。

综上所述，体育活动通过其独特的教育功能，有效地促进了学生社会责任感、合作精神和公平竞争意识的培养。这些体育活动不仅让学生在体育场上学会了如何竞赛和合作，更重要的是，它们将这些重要的生活技能和道德观念深植于学生的心中，为学生将来成为负责任、有道德的社会成员奠定了坚实的基础。

三、体育与德育结合的策略与方法

结合体育与德育，在高校体育教学中是一种全面提升学生身心素质的有效方法。以下是实施该策略的具体方法和步骤。

（一）体育课程内容的德育价值挖掘与整合

体育教学不仅是关于运动和技巧的学习，它同样是德育教育的重要组成部分。在这个过程中，教师扮演着至关重要的角色，通过精心设计的体育活动和课程内容，教师能够将诚信、尊重、公平等基本道德价值观植入学生心中。例如，在足球教学中，不仅教授学生如何传球和射门，更重要的是让他们了解到了，无论胜败，团队合作、尊重对手和裁判的判断都是竞赛中不可或缺的。这种通过体育活动对德育价值的强调和传递，使学生在激烈的比赛中学会如何保持冷静，如何在遵守规则的前提下展现自己的实力。

此外，通过设置特定的体育活动，如接力赛、团队接力等，不仅能增强学生的体能，还能在活动中自然融入合作与分享的德育教育。在这些活动中，学生不仅要依靠个人的力量，更需要团队成员间的相互支持和鼓励，从而在实际操作中感受到团队精神的力量，理解到每个人对团队的价值。通过这样的体育教学，学生能够更深刻地理解和内化诚信、尊重、公平等社会主义核心价值观，这些价值观将伴随他们成长，影响他们的一生。

（二）体育比赛的规则教育与公平竞争

体育比赛不仅是体能和技巧的较量，更是德育教育的重要场所。在这个过程中，比赛规则的学习和遵守成为传授学生规则意识和公平竞争精神的关键。对于教师而言，他们的责任不仅限于确保学生掌握比赛的技术和策略，更重要的是要让学生认识到遵守规则的重要性和公平竞争的价值。在比赛前，教师应该通过具体示例和历史案例详细讲解比赛规则，使学生明白每一项规则的制定都有其合理性和必要性，从而培养学生的规则意识。同时，教师在比赛过程中应严格执行这些规则，对任何违规行为都应公正处罚，无论是对己方还是对方队伍，以此来强化学生心中公平公正的观念。

通过这样的实践，学生不仅学会了如何在比赛中公平竞争，更重要的是，他们学会了在生活中尊重规则、公平对待他人。这种教育方式直观而有效，使学生在紧张激烈的比赛中体验到公平竞争的真谛，进而将这种精神应用到日常生活和未来的工作中，成为遵纪守法、公平正义的社会成员。这样的教育不仅让体育比赛成为一种身体锻炼的方式，更让其成为一种德育教育的实践，为学生全面发展打下了坚实的基础。

（三）团队项目中的合作与互助

团队项目，如篮球和排球等，不仅是锻炼身体的良好途径，也是培养学生合作精神和互助意识的有效平台。在这类团队运动中，每位队员的表现都直接影响到整个团队的成败，这种环境促使学生意识到个人行为与团队目标之间的紧密联系。为了提升团队的整体表现，学生们学会了相互支持和鼓励，共同面对比赛中的挑战。这种体验不仅增强了学生之间的凝聚力，而且帮助他们认识到通过集体努力可以实现目标，深化了对团队合作重要性的理解。

教师在组织这些团队项目时，可以通过设计合作性的训练和比赛任务，进一步加强学生的团队意识。例如，设置需要团队成员协同完成的训练目标，或者通过团队讨论决定比赛策略，这些活动都能够让学生在实践中学习如何有效沟通、如何协作解决问题。此外，通过团队项目的实践，学生还能学习到如何在压力下保持冷静、如何在面对失败时相互安慰和激励，以积极的态度面对挑战。

通过这样的体育活动，学生不仅在体育技能上得到了提升，更重要的是，他们的社会技能也得到了极大的增强。团队项目让学生体会到团队合作的力量，学会了在集体中寻找自我价值的实现。这些经验和技能将伴随学生一生，无论是在学习、工作还是生活中，都将成为他们宝贵的财富。

（四）评价机制的构建

在高校体育教学中，建立一个综合性的评价体系至关重要，这种体系不仅应关注学生的体育技能水平，还应细致考查学生在德育方面的表现。这意味着，除了传统的体能测试和技能考核之外，学生的团队合作能力、公平竞争态度、遵守规则的意识以及在体育活动中展现出的道德行为等都成为评价的重要内容。例如，在团队比赛中，学生不仅要以个人技能和体能表现来贡献于团队，还要通过体现良好的运动道德、展示出色的团队精神来获得教师和评委的认可。

此外，教师可以通过设置具体的德育目标和行为指标来引导学生在体育活动中自我提升。在体育课程和比赛中，可以引入道德行为奖、最具团队精神奖等奖项，用以表彰那些在德育方面有突出表现的学生。这样的评价和奖励机制不仅能够激励学生在体育活动中积极展现良好的德行，还能促进学生内化这些价值观，将其应用到日常生活和学习中。

同时，多元化的评价体系也应当涵盖自我评价和同伴评价等多种评价方式，这可以帮助学生从不同视角观察和反思自己在德育方面的表现，增强自我认识和自我管理能力。通过这样全面而深入的评价，学生不仅能在体育技能上得到提高，其道德素养和社会责任感也将得到显著增强，为他们成为全面发展的社会人打下坚实的基础。

通过这些策略与方法的实施，体育与德育结合的教学模式能够更有效地促进学生的全面发展，不仅提高其体育技能，更重要的是培养其良好的道德品质和社会责任感。

第二节 体育与智育的结合——寓智于体

在当代教育理念中，体育与智育结合已成为高等教育中一项重要的教学方向，这种结合不仅强调身体素质的培养，更着重于通过体育活动来促进学生智力的发展。在高校体育教学中，体育与智育的结合被视为一种全面提升学生综合素质的有效途径，旨在通过体育活动的参与和体验，激发学生的思维活力，培养其解决问题的能力，以及增强其学习的主动性和创新性。

体育活动本身就是一种富有挑战性的智力游戏，它要求学生在运动中不断观察、思考，做出判断和决策，从而锻炼其快速反应和逻辑思维能力。例如，在篮球、足球等团队运动中，学生必须理解游戏规则，运用策略，与队友进行有效沟通，这无疑促进了学生逻辑思维和团队协作能力的提升。同时，个人项目如田径、游泳等，则更多侧重于挑战自我，培养学生的目标设定能力和自我管理能力，这些都是智育教育中十分重要的能力。

将体育与智育相结合的教学模式，对于培养学生的学习能力和创新能力具有重要作用。体育教学中的策略思考、即时决策等要素可以直接应用到学术学习和创新实践中，使学生在遇到学习难题或进行创新探索时能够灵活运用思维模式和解决策略。此外，体育活动中的乐趣和成就感还能激发学生的学习兴趣，提高其对学习的热情和持久性，从而在更广泛的领域促进其智力的发展。

一、体育与智育结合的理论基础

在高校体育教学领域，体育与智育的结合正日益受到教育者和学者的重视。这一模式不仅仅看重学生体力的增强，更加强调通过体育活动来促进学生的智力发展和情感培育，展现了体育教学的多元价值。在这种教学模式下，体育活动不再被简单地定义为身体的锻炼过程，而是转变为一种全面提升学生身心素质的有效途径。

这种教育模式的核心在于，将体育活动与智力训练有机结合，利用体育运动中的策略思考、决策制定、团队协作等元素，激发学生的思维活力，培养其解决问题的能力。例如，在篮球、足球等团队运动中，学生不仅要学习技术技能，更要在快速变化的比赛中做出判断和决策，这无疑是对其快速思维和判断能力的一种锻炼。此外，体育活动中的规则学习和策略运用，也能有效提升学生的逻辑思维和空间理解能力。

同时，体育与智育的结合还包括情感培养方面。体育活动中的胜利与失败，可以教会学生如何处理成功和挫折，培养他们的情绪调节能力和心理韧性。团队运动中的互助合作，不仅锻炼了学生的社交技能，还增强了他们的集体归属感和团队精神。通过这些体验，学生能够在情感上获得成长，提高自我认识和自我价值感。

教育心理学和认知科学在体育与智育结合的实践中扮演着重要角色，提供了理论支持和科学依据。教育心理学强调体育活动的多维度价值，不仅看重身体锻炼，更注重通过体育活动促进学生心理健康和社会适应能力的发展。这种观点认为，体育活动中的团队合作、规则遵守、胜负接受等元素，能够有效地促进学生的社会行为规范和情感态度形成，帮助学生建立积极的人际关系，增强社会参与感和集体归属感。认知科学的研究进一步深化了这一理论基础，通过大量实验数据证实了体育活动对学生认知能力的正向影响。例如，定期的身体运动被发现可以增强大脑的神经可塑性，改善神经传导效率，这直接关联到注意力的集中、记忆力的提升以及更快的信息处理速度。此外，体育运动还被认为是培养问题解决能力的有效途径，因为它要求学生在动态变化的运动环境中迅速做出决策，这种决策过程和思维活动对提高学生的逻辑思维和创新思维具有重要作用。

在国际和国内教育领域，体育与智育结合的研究和实践不断展现出其深远的影响和积极的成果。在美国、欧洲等地，教育者们通过将认知技能训练融入体育教学，创造了一系列既富有教育意义又具挑战性的体育游戏和活动，这些活动不仅锻炼了学生的身体，更重要的是，通过解决游戏中的问题、制定战略和做出快速决策，有效地激发了学生的思维能力和创新精神。此外，这种教学模式还注重情感的培养和社会技能的发展，如学会如何在团队中有效沟通、如何面对竞争和合作，进一步增强了学生的社会适应能力和人际交往能力。

国内的研究和实践也取得了类似的积极成果。多项研究显示，体育与智育结合的教学模式对提升学生的学习动机和自信心具有显著效果。例如，通过参与团队体育活动，学生不仅提升了自己的体育技能，同时在与队友的合作中增强了自我价值感，学会了欣赏和认可自己和他人的努力和成就。此外，这种教学模式还有助于培养学生的团队合作能力，让学生在体育活动中体验团队协作的力量，学会共同努力以达成目标，从而为他们将来在社会中的团队工作打下坚实的基础。

更进一步，体育与智育结合的教学模式还被发现对学生的创造力和问题解决能力的培养有着不可忽视的作用。在面对体育活动中的挑战和竞赛时，学生需要运用自己的智慧来寻找解决方案，这种过程促使学生在实践中不断尝试和创新，从而激发了他们的创造力和想象力。通过这样的教学活动，学生不仅在体育领域获得了成就，也在智力和创新能力上得到了显著的提升，为他们今后的学习和生活提供了宝贵的经验和技能。

总的来说，体育与智育结合的教育模式，基于教育心理学和认知科学的理论支持，已经在国内外的教育实践中展现出其积极的影响。通过进一步的研究和实践，这一模式有望为高校体育教学提供更多的理论和方法上的指导，帮助学生在体育活动中不仅获得身体上的锻炼，更在智力和情感上得到充分的发展。

二、体育与智育结合的价值

体育与智育结合在高校体育教学中的价值不可小觑。通过体育活动，学生的认知能力、创新思维以及学习能力都能得到显著的提升，这些对于学生的整体发展至关重要。

（一）提高学生的认知能力

体育活动在提升学生的认知能力方面起着至关重要的作用。科学研究一再证明，与非运动员相比，定期参与体育活动的学生在诸如注意力集中、记忆力强化、信息处理速度等多个认知功能领域表现都有显著的提升。这种积极的效果部分归因于体育锻炼对大脑血流的增加，这不仅促进了更多氧气和营养的供应，还有利于神经细胞的生长和大脑结构的优化，从而全面提升了认知功能。

特别是在团队体育活动中，学生不仅需要在短时间内做出快速判断，还需要进行策略规划和预测对方动作，这些复杂的认知过程能够有效促进大脑前额叶等关键区域的活跃，这些区域与决策制定、注意力控制及问题解决能力紧密相关。此外，体育锻炼中的身体运动和协调也能刺激大脑的运动皮层，增强神经系统之间的连接，进一步提高认知能力。

除了对个人认知功能的直接促进外，参与体育活动还可以改善学生的情绪状态和精神健康，为认知功能的提升提供了良好的心理基础。运动过程中体内释放的内啡肽等物质，能够有效缓解压力和焦虑，提升情绪，从而为学生在学习和生活中保持良好的认知状态创造条件。

因此，体育活动通过多种机制显著提高了学生的认知能力，这不仅体现在学生在体育领域的表现上，也对其学术学习和日常生活中的认知需求有着积极的影响。通过体育锻炼，学生能够在享受运动乐趣的同时，有效提升自身的注意力、记忆力和决策能力，为其全面发展奠定坚实的基础。

（二）培养学生的创新思维

将体育与智育相结合对于激发和培养学生的创新思维至关重要。在多样化的体育教学活动中，无论是通过团队运动项目还是个人技能挑战，学生都被鼓励在面临各种竞技挑战和体育难题时发挥创意，寻求创新的解决方案。这一过程不仅有利于提升他们在体育领域的具体技能，更重要的是，它促使学生在实践中学会了如何运用创新思维来解决问题，培养了他们在未来面对复杂问题时的应对能力。

体育活动特别是那些设计巧妙的运动游戏和非常规的挑战任务，为学生提供了超越传统思维模式的机会。在这些活动中，学生被要求不仅要思考如何使用已有的知识和技能，更重要的是如何将这些知识创造性地应用到新情境中，或者发明全新的解决方法。例如，通过修改游戏规则来设计新的体育游戏，或者在团队运动中制定新的战术策略，这些活动无疑能够极大地激发学生的创造性思考和创新能力。

此外，体育活动中的自由探索和自我表达的空间也是促进学生创新思维发展的重要因素。在这样的环境下，学生能够自由地尝试不同的技能组合和运动策略，没有固定的成功模式限制，每个学生都有机会根据自己的理解和偏好来创新和实践。这种开放性和探索性的学习环境鼓励学生勇于尝试新事物，不畏失败，进而增强了他们解决问题和面对未知挑战的信心与能力。

因此，体育与智育结合的教学模式，通过促进学生在体育活动中的创新实践，不仅加深了他们对体育知识的理解和应用，更重要的是，培养了他们的创新思维和问题解决能力，为学生的全面发展和终身学习奠定了坚实的基础。

（三）加强学生的学习能力

体育活动对于加强学生的学习能力具有不可忽视的影响。参与体育活动不仅可以锻炼学生的身体，更能通过活跃的身体运动来促进大脑功能的发展，尤其是在提高学生的注意力和记忆力方面表现突出。这种身心互动的过程，使得学生在体育活动后返回课堂学习时，能够展现出更高的集中力和学习效率。

科学研究已经证实，定期的体育锻炼有助于提升大脑对信息的处理能力和记忆力的维持，这是因为体育锻炼能够增加大脑接收到的氧气量，改善神经系统的功能，促进神经元之间的连接和大脑内部各区域的协调。在复杂的体育活动中，如球类运动、舞蹈等，学生需要不断做出快速反应和决策，这种过程实际上是一种对大脑执行功能的锻炼，能够有效提高学生在学术学习中的应用能力。

此外，体育活动在缓解学生的学习压力、改善心情方面也起到了重要作用。学业负担过重和考试压力往往会使学生感到焦虑和紧张，而体育活动提供了一个释放压力的出口，使学生在运动中找到乐趣，从而减轻心理负担，提升心理健康。经过运动后的学生在心情上更加放松，能够以更加积极的心态和更高的效率投入学习中。

综上所述，体育与智育的结合不仅是一种教学模式的创新，更是对学生全面发展的深度关怀。通过体育活动，学生的认知能力、创新思维和学习能力得到了全面的提升，这不仅为他们在学术领域的成功奠定了基础，更为他们未来的生活和职业发展提供了重要的支撑。

三、实施策略与方法

在高等教育体系中，体育教学不仅是培养学生身体素质的重要途径，也是实现智育目标的关键环节。为了更好地融合体育与智育，以下是一些具体的实施策略与方法。

（一）课程内容设计

课程内容设计是实现体育与智育结合的核心环节。在传统体育教学中，教师往往注重学生的动作技能训练和体能的增强，而在现代教育理念下，教师开始寻求如何在体育活动中加入智力训练的元素，以实现对学生智力和体能的双重提升。通过设计包含策略和思维训练的体育游戏，例如将国际象棋的策略概念融入足球训练中的"国际象棋足球"，或是在篮球教学中加入思维挑战的"思维篮球"，这些创新的课程内容要求学生不仅要在体育技能上下功夫，还要动用智力去分析比赛形势，制定策略，与队友进行有效的思维沟通与协作。

此类课程内容的设计不仅增加了体育课程的趣味性，使学生享受了运动乐趣，同时也在无形中锻炼了他们的逻辑思维能力、战略规划能力以及团队协作能力。这种智体结合的教学方式，能够有效激发学生的学习兴趣，提高他们的参与度，从而更好地促进学生在体育活动中的全面发展。

为了进一步提高这种课程设计的效果，教师可以根据学生的班级和专业的差别，设计不同类型的策略性体育游戏，从而适应不同专业学生群体的发展需要。同时，教师还可以利用现代信息技术手段，如使用视频、多媒体教学软件等，来辅助教学，使学生在观察、分析体育比赛的过程中，进一步提升他们的思维能力和策略运用能力。

通过这样的课程内容设计，体育与智育结合的教学模式能够更加深入地实施，不仅能够增强学生的体育技能和体能，还能在体育活动中培养他们的思维能力、解决问题的能力和社会交往能力，为学生的全面发展奠定坚实的基础。

（二）教学方法创新

采用创新的教学方法，如问题解决法和合作学习法，在体育教学中是一种极具潜力的教学策略。这种方法通过设计有挑战性的体育问题或任务，激励学生在团队合作的过程中共同寻求解决方案。这样的教学设计不仅仅是对学生体育技能的锻炼，更重要的是，它促进了学生在认知、情感和社会互动方面的全面发展。

例如，在篮球教学中，除了传统的技能训练之外，教师还可以引入一些需要策略规划的比赛情境。这些情境可以是如何在防守对方的关键球员时采取有效的策略，或者如何根据比赛进程和得分差距调整进攻策略。通过这样的挑战，学生不仅需要讨论和实施策略，还需要在过程中不断观察、分析和调整，这种过程极大地锻炼了他们的思维灵活性和应变能力。

在这类教学活动中，学生在寻找解决问题的策略的过程中，需要广泛地运用知识和技能，包括体育知识、策略规划、团队沟通等。这不仅有助于提高他们的体育技能，更重要的是，能够培养他们的问题解决能力、创新思维以及团队合作精神。此外，这种教学方法还能增强学生对体育课程的兴趣和参与度，使学生在积极参与中获得更多乐趣和成就感。

通过合作学习法，在小组讨论和策略实施过程中，学生还能学会如何有效地表达自己的观点，如何倾听和理解他人的想法，以及如何在不同意见中找到共识，这些都是现代社会中非常宝贵的社会技能。因此，将这些创新教学方法应用于体育教学中，不仅能够提高体育课程的教学效果，还能为学生的全面发展提供强有力的支持。

（三）多元化评估机制

建立一个包含体育技能、智力发展和创新能力的综合评价体系是体育教学创新的重要组成部分。这种评价体系通过全面考查学生的体育技能表现、认知能力和创新思维能力，为学生提供了一个多维度的成长空间。不仅仅是评价学生在跑、跳、投等传统体育技能上的表现，更重要的是，评价体系还关注学生在参与体育活动过程中的问题解决能力、策略运用、创新思路以及团队协作精神。

通过这样的多元化评估，教师能够更加全面和深入地了解关于学生在体育学习过程中的整体表现。这种评价不仅帮助教师识别学生的强项和弱点，更重要的是，它可以为教师提供指导学生个性化学习和发展的依据。例如，对于那些在体育技能上表现出色但在团队合作中稍显不足的学生，教师可以针对性地提供更多的团队协作训练和指导。

同时，这种综合评价机制也能有效激发学生的积极性。知道自己的表现不仅仅被限定在跑得快、跳得远上，学生们更愿意在体育课上展现自己的智力和创新能力，如通过策略性游戏或团队竞赛展示自己的策略规划和问题解决能力。这样的评价机制促进了学生在体育活动中的全面参与，使得体育课成为培养学生身体素质、智力发展和创新能力的有效平台。

此外，综合评价体系还应包括学生的自我评价和同伴评价，这不仅可以培养学生的自我认知能力，还能增强学生之间的互动和反馈，形成一个积极向上、相互支持的学习氛围。通过这样的评价体系，体育教学能够更好地促进学生的全面发展，为学生的未来学习和生活奠定坚实的基础。

总之，将智育元素融入体育教学，通过创新的课程内容设计、教学方法以及评估机制，不仅能够提升学生的体育技能，更能有效促进学生智力的发展和创新能力的提高，为学生的全面发展奠定坚实基础。

第三节 体育与审美教育的融合——寓美于体

在现代高校教育体系中，体育与审美教育的融合日益受到重视。这种教育模式的推广，旨在通过体育活动丰富学生的审美体验，提升其审美和情感素养，进而促进学生全面发展。在高校教育中，将体育与审美教育相结合，不仅可以提高学生的身体素质，还能在视觉、听觉和情感等多方面提升学生的审美能力。这种教育方式强调通过体育活动的审美体验，培养学生对美的感知、鉴赏和创造能力，使学生能够在运动中感受美、理解美、创造美，从而实现体育教育和审美教育的有机结合。

一、体育与审美教育结合的理论基础

在现代教育体系中，审美教育与体育教育是两个重要的领域，它们都致力于促进学生的全面发展。审美教育旨在培养学生的审美感受、审美鉴赏和审美创造能力，而体育教育则重在提高学生的身体素质和培养良好的体育精神。将两者融合，是教育创新和发展的重要方向。

（一）审美教育与体育教育的基本理念

审美教育和体育教育的结合，是现代教育理念对学生全面发展的一种深刻理解。审美教育旨在通过艺术的介入，开拓学生的情感世界和审美视野，通过音乐、绘画、舞蹈等多种艺术形式的学习和体验，激发学生的创造力和想象力，使学生能够在美的感受中获得情感的升华和人格的完善。它不仅是一种知识的传授，更是一种情感与价值观的培养，帮助学生建立起对美好事物的追求和欣赏能力，从而促进个性化和创造性的发展。

体育教育则侧重于通过体育活动，提高学生的身体素质，锻炼其意志力，增强团队合作能力以及提升解决问题的能力。通过体育活动的参与，学生不仅能够强健身体，更能在运动中学习到如何面对挑战、如何与他人协作以及如何公平竞争，这些都是社会适应能力的重要组成部分。体育教育强调的是身体和精神的和谐统一，通过身体活动促进精神的成长和心理的健康。

将审美教育与体育教育相结合，可以更全面地促进学生的身心发展。在这种教育模式下，学生不仅可以在体育活动中体验团队协作、公平竞争的社会价值，还能在艺术体验中寻找到情感的出口和精神的滋养，这对于学生形成全面发展的人格特别重要。例如，在体操、舞蹈等体育项目中，不仅有对身体素质的要求，同时也蕴含着丰富的审美元素，这些活动既能锻炼学生的身体，又能培养其审美感和艺术表现能力。

总之，审美教育和体育教育在提升学生的综合素质、塑造健全人格方面具有独特的价值和意义。通过这两种教育模式的有效结合，可以更好地实现教育的全人目标，培养身体健康、情感丰富、创造力发达以及社会适应能力强的综合素质人才。

（二）教育美学视角下体育与审美教育的结合

从教育美学的视角深入探讨体育与审美教育的结合，揭示了体育活动不仅仅是锻炼身体的手段，更是一种重要的审美实践和教育途径。体育运动之所以能与审美教育相结合，在于运动本身所具有的独特审美价值和丰富的教育内涵。在体育运动中，动作的优美、节奏的和谐、团队协作的默契，以及比赛中所展现出的尊重、公平与友谊的精神，都是审美教育中不可或缺的元素。

体育活动中的审美体验不仅限于视觉美，更涉及情感、意志和心灵的体验。例如，在体操或舞蹈中，学生通过精准而优雅的动作表达，体验到力与美的完美结合；在团队运动如篮球、足球中，团队成员间的默契配合和比赛的激烈程度，让学生感受到团队合作的力量和比赛的激情，进而在情感上产生强烈的共鸣。

此外，体育与审美教育的结合还能够激发学生的创造力和想象力。在体育活动的设计和参与过程中，学生被鼓励探索新的运动方式、创造新的游戏规则，这不仅促进了学生身体技能的提高，也培养了他们的创新思维和审美判断力。通过体育活动中的审美体验，学生能够在欣赏与创造中学习、成长，从而实现身心的和谐统一。

综上所述，体育与审美教育的结合为学生提供了一个全方位的学习和成长的平台。通过参与富有审美价值的体育活动，学生不仅能够增强体质、提高运动技能，更能在美的体验中培养深厚的审美情操和全面的审美能力，为其身心和谐发展奠定坚实基础。

（三）国内外关于体育与审美教育融合的研究概况

在全球范围内，体育与审美教育的融合已经成为教育创新的重要领域。国际上，像芬兰、加拿大等国家在体育教育中融入审美教育的实践尤为突出，它们通过综合艺术形式的体育活动，比如节奏体操、舞蹈和武术表演，不仅提升了学生的身体素质，也极大地丰富了学生的审美体验和艺术感知能力。这些国家的教育者致力于创造一个多元化的学习环境，使学生在享受运动乐趣的同时，能够感受美、理解美、创造美。

国内在体育与审美教育融合的探索上也不遗余力。中国的教育体系开始重视体育教育在培养学生审美能力方面的作用，强调通过体育活动来提高学生的审美素养。学校体育课程中引入了更多具有审美价值的内容，如太极、民族舞蹈等，通过对这些活动的学习和表演，旨在培养学生的审美情感和艺术创造力。此外，国内的研究者也在不断探索体育与审美教育结合的新模式、新方法，比如通过体育活动中的情景模拟、角色扮演等方式，使学生在体验中学习，在实践中提升。

无论是国际还是国内的研究与实践，都表明体育与审美教育的融合不仅能够提升学生的体育技能和审美素养，还能够在更深层次上促进学生的全面发展。通过将体育活动与审美教育相结合，教育者能够为学生提供一个更加丰富多彩、更具启发性和创造性的学习环境，从而帮助学生在身体和精神上都达到一个更好的发展水平。这些研究成果不仅为体育与审美教育的进一步融合提供了坚实的理论基础，也为实践活动的开展提供了有益的参考和指导。

综上所述，将审美教育与体育教育相结合，不仅能够丰富体育教学的内容和形式，还能够有效提升学生的审美素养和身心健康，为学生的全面发展奠定坚实的基础。

二、体育与审美教育的融合价值

体育与审美教育的有效融合，在当代高校教育中具有重要的价值和深远的意义。通过美的体育活动，不仅可以提升学生的身体素质，还能丰富其审美情趣，促进其身心和谐发展。以下是体育与审美教育融合的几个主要价值点。

（一）促进学生身心和谐发展

体育活动中的美学体验，对于学生的审美教育具有深远的影响。运动场上的每一次奔跑、每一次协作、每一个得分瞬间，都是美的展现，它不仅体现在外形的协调和动作的优美上，还体现在内在精神的传递和情感的共鸣上。比如，在篮球比赛中，一次精准的传球、一个漂亮的上篮，不仅是技巧的展示，更是团队合作和默契的体现。这些都能深刻影响学生的审美观念，让他们在欣赏和参与体育活动的过程中，学会发现和创造美。

此外，体育活动中的美也体现在精神风貌上。比如，运动员在比赛中不畏强手、勇往直前的精神，或者是在比赛失败后依然能够微笑面对的态度，都是美的表现。这种美不仅能够激励学生在体育活动中追求卓越，更能教会他们在生活中面对挑战和困难时保持正确的态度。

通过这些富有美感的体育活动，学生不仅能学习到体育技能，更重要的是能够在这个过程中培养自己的审美能力、提升自己的情感体验，从而在享受体育带来的快乐的同时，也能够在心灵上得到升华和丰富。因此，将体育与审美教育相结合，不仅是一种教育模式的创新，更是对学生全面发展教育理念的深入实践。

（二）培养学生的审美能力

将审美教育元素融入体育教学中，能够为学生打开一扇观察和理解世界的新窗口。这种教学方式使得学生不仅仅是体育活动的参与者，更成为美的追求者和创造者。在篮球、足球、排球等团队运动中，每一次传球、每一次协调动作都可能成为美的展现。学生通过参与这些活动，能够体会到团队之间默契配合的美感，学会在比赛中寻找和创造美的瞬间。

教师在教学过程中可以设计一系列活动，如体育舞蹈、武术套路等，这些活动本身就蕴含着丰富的审美价值。通过这些活动，学生可以直观地感受到运动的美感，如身体线条的流畅、动作的力度和美的节奏。此外，教师还可以组织学生观看体育比赛和表演，引导他们从中发现和欣赏美的元素，如运动员的精神风貌、比赛中的高潮瞬间等，从而提升学生的审美鉴赏力。

通过在体育活动中自主创造，学生不仅能够实践自己对美的理解，还能通过团队合作共同完成一项创造性任务，这不仅能够增强他们的创新意识和创造能力，还能在实践中深化对美的理解和认识。例如，学生可以尝试设计新的体育游戏规则或是编排一段体育舞蹈，这些活动不仅能让他们体验运动的乐趣，同时还能培养他们的审美观和创造力。

综上所述，通过将审美教育元素融入体育教学，不仅能够丰富学生的体育学习内容，更能在提高学生体质的同时，促进他们审美能力的全面发展，为他们的全人教育奠定坚实的基础。

（三）强化学生的文化认同

融合民族传统体育项目到体育教学中是一种深刻的文化教育。这些传统项目如中国的太极拳和龙舟赛、日本的柔道、印度的瑜伽等，不仅是一种体育活动，更是各自民族文化的重要组成部分。通过这些活动的学习和实践，学生可以直接接触和体验到不同文化的深层意义，从而在运动中学习到关于尊重、耐心、坚韧和和谐等深远的生活哲理。

例如，太极拳不仅仅是一套拳法，它更是中华文化中"阴阳平衡"和"以柔克刚"的哲学思想的体现。学生在学习太极拳的过程中，不仅能够提高自身的协调性和灵活性，还能深入理解这一传统哲学思想，增强对中华文化的理解和尊重。同样，瑜伽不仅是一种身体锻炼方式，它更是一种心灵和身体的和谐统一，反映了印度文化中追求内在平和和宇宙统一的精神追求。

　　将这些富有文化特色的体育项目纳入体育课程中，不仅可以提高学生的身体素质，更重要的是可以让学生在运动中感受到来自不同文化背景下的美学和哲学思考，从而培养学生的跨文化理解能力和国际视野。同时，这也有助于激发学生对自己民族文化的探索和研究兴趣，进一步增强他们的文化自信和自豪感。

　　总之，通过对民族传统体育项目的学习和体验，学生不仅可以获得身体的锻炼，更重要的是可以获得心灵的洗礼和文化的熏陶，这种体育与文化教育的结合，对于学生的全面发展和文化素养的提升具有不可替代的作用。

三、实施策略与方法

　　在高校体育教学中实现体育与审美教育的有效融合，需要采取一系列创新的策略与方法。以下是几种推荐的实施策略与方法。

（一）课程内容的审美设计

　　在高校体育教学中，将舞蹈、体操等富有审美特征的内容纳入课程设计，是一种极具创新性和实践性的教学方法。这不仅可以丰富学生的体育学习经验，还能有效地提升他们对美的认知和感受能力。通过学习民族舞蹈，学生不仅能够掌握舞蹈技巧，更重要的是能够深入了解各民族文化的多样性和独特性，增强对民族文化的认同感和尊重。例如，通过学习藏族舞蹈，学生可以感受到藏族文化中对自然和生命的崇敬之情，以及舞蹈中体现的力量与优雅。

　　此外，教师可以引导学生探索并创作新的体育动作或舞蹈，鼓励他们将自己的情感、想法和美学理念表达出来。这种创作过程不仅能够激发学生的创新思维和艺术想象力，还能加强他们对身体语言的控制和表达能力。通过参与创作和表演中，学生可以更深刻地理解和体验审美教育的内涵，实现情感的自我表达和心灵的自我修养。

　　同时，体育教师应注重审美教育的融入，设计具有挑战性和趣味性的教学活动，如体育舞蹈展演、创意体操比赛等，以提高学生的学习兴趣和参与热情。这些活动不仅能让学生在轻松愉悦的氛围中学习，还能促进学生间的交流与合作，增强班级凝聚力和集体荣誉感。

通过这样的教学设计，体育课程不再局限于传统的体能训练，而是成为一种综合性的教育方式，既锻炼学生的身体，又培养他们的审美情趣和艺术修养，真正实现体育与审美教育的有机融合和相互促进。

（二）教学方法的艺术化

为了让体育教学不仅仅成为技能的传授，而是变成一种全面的审美体验，教师可以巧妙地将艺术化的教学方法融入课程中。通过展示和表演，教师可以引导学生观察和学习体育运动中的美学元素，如运动员优雅流畅的动作、比赛中的精彩瞬间等。这样的展示不仅能够激发学生对体育活动的热情，还能加深他们对运动美学的理解和感受。

体验式教学，如角色扮演或情景模拟，为学生提供了一个更加亲身和直观的学习平台。学生可以通过扮演不同的运动角色，深入体验运动的情感和精神。例如，在一个模拟的奥运会开幕式上，学生们可以扮演各国运动员，感受运动员入场时的激动心情和荣誉感。通过这样的活动，学生不仅能学习到体育知识和技能，还能理解和体会到体育活动背后的文化和情感内涵。

此外，教师还可以鼓励学生自主创作和表达，如编排一段体育舞蹈、创作一场体育剧等。这种创作过程允许学生将个人对于美的理解和感受融入体育活动中，不仅提高了学生的审美和创造能力，也让体育教学变得更加生动和有趣。

通过这些多样化的艺术化教学方法，体育教学能够更加全面地促进学生的身心发展，让他们在体验运动的快乐的同时，也能感受到体育活动中蕴含的深厚文化和美学价值。

（三）校园体育文化的建设

为了深化体育与审美教育的结合，创造一个充满活力和艺术感的校园环境显得尤为重要。高校可以定期举办各类体育艺术活动，如体育艺术节、美丽校园运动会等，这些活动不仅展现了学生在体育艺术方面的创造力和才能，也促进了学生对体育活动深层次的审美理解和情感体验。

体育艺术节可以设置多样化的比赛和表演项目，包括舞蹈、体操、武术演示、创意体育比赛等，鼓励学生从不同的视角探索体育的美学价值。通过参与这些活动，学生不仅可以提升自己的体育技能和艺术修养，还可以通过团队合作、创新思维等方式增强社交技能和团队精神。

美丽校园运动会则可以结合校园的自然景观和建筑美，设计一系列富有创意和审美意识的体育项目。比如，可以在校园的花园、湖边或其他特色场所举行户外瑜伽、太极、跑酷表演等，让学生在美丽的环境中享受运动的快乐，感受体育与自然美、建筑美的和谐统一。

此外，学校还可以利用校园媒体、社交平台等渠道，广泛宣传体育艺术活动的精彩瞬间和成果，增加活动的影响力和吸引力。通过这些举措，不仅可以激发师生对体育艺术的兴趣和热情，也能够促进校园文化的多元化发展，建立一个健康、积极、和谐的校园氛围。

通过上述策略与方法的实施，可以有效地将体育与审美教育相结合，促进学生在体育活动中获得美的体验，培养他们的审美能力和艺术修养，为学生的全面发展奠定坚实的基础。

第四节 体育与愉悦教育的结合——寓乐于体

在当前的高校体育教学中，融入愉悦教育不仅是一种必要性，也是一种可能性。随着教育理念的不断更新，更多的教育工作者开始认识到，愉悦的学习氛围能够有效提升学生的学习效率，同时促进学生的身心健康。特别是在体育教学中，通过丰富多样的体育活动，不仅能够让学生在运动中享受到乐趣，更能够激发学生对体育学习的兴趣，进而增强他们的快乐感和身心健康。

研究愉悦教育在体育教学中的作用尤为重要。一方面，它能够帮助教师理解和掌握如何在体育教学中营造积极、愉悦的学习氛围，使学生在轻松愉悦的环境中学习体育知识和技能；另一方面，通过体育活动增进学生的快乐感和身心健康，不仅有助于提高学生的身体素质，还有助于培养学生的心理素质，如自信心、坚韧性等，这对学生的全面发展具有重要意义。

一、体育教育与愉悦教育结合的理论基础

愉悦教育的核心在于通过愉悦的学习体验激发学生的内在动力，使学习变得生动和有趣，从而达到更好的教育效果。在高校体育教学领域，这种理念尤为重要，因为体育本身就是一项充满活力和乐趣的活动。通过设计各种有趣的体育课程和活动，教师可以有效提升学生参与体育活动的积极性，让学生在运动中发现乐趣，进而自然而然地爱上体育，爱上运动。

例如，通过引入游戏化的体育教学方法，如接力赛、趣味运动会等，学生可以在轻松愉悦的环境中学习体育技能，同时也能在不知不觉中培养团队合作和竞争意识。此外，利用音乐、舞蹈等元素丰富体育课程内容，也能有效增加学生的参与度和学习兴趣，使体育活动变得更加多元化和富有吸引力。

通过愉悦教育的实施，学生的身心健康得到了全面的增强。身体上，通过参与各种体育活动，学生能够提升体质，增强免疫力；心理上，愉悦的体育活动能够有效减轻学习和生活的压力，提高学生的情绪状态和心理健康水平。此外，愉悦教育还能促进学生社交能力的提升，通过集体活动，学生能够更好地与人沟通，建立友谊，增强社会适应能力。

心理学研究表明，体育活动不仅对学生的身体健康产生积极影响，也在心理和情感层面对学生起到重要作用。通过参与体育活动，学生可以经历一系列积极的心理过程，这些过程对促进其情绪稳定和心理成长极为重要。例如，当学生在体育活动中取得进步或者达到某个目标时，他们会感受到成就感和自豪感，这些正向情绪能够有效增强他们的自信心和自我价值感。

进一步来说，体育活动中的社交互动也是提升学生愉悦感的重要因素。在团队运动中，学生需要与队友沟通协作，共同面对挑战，这种过程中形成的友谊和归属感能够提供强有力的情感支持，增强学生的社会连接感。同时，

体育活动为学生提供了一个释放压力的出口，通过身体活动帮助学生释放紧张和焦虑，使他们能够以更加放松和积极的心态面对日常生活和学习中的压力。体育活动还能促进学生的心理韧性发展。在运动中遇到的挑战和失败经历可以教会学生如何处理挫折，学习坚持和不放弃的精神。这种经历对学生形成积极应对生活困难的态度有着重要影响，有助于他们建立起解决问题的能力和心理韧性，进一步增强其愉悦感和生活满意度。

国内外学者在将体育教学与愉悦教育相结合方面的探索和实践表明，创新的教学方法能够显著提高学生对体育活动的兴趣和参与度。在全球范围内，教育者们正在通过引入更加互动和富有趣味性的体育教学方法，如游戏化学习、情景模拟、角色扮演等，来激发学生的学习热情和积极性。这些方法不仅能让学生在轻松愉悦的氛围中掌握体育知识和技能，还能有效促进学生之间的社交互动和团队合作，增加学习的互动性和参与感。

许多学校和教育机构也开始重视将体育教育与学生的生活经验相连接，通过组织丰富多彩的体育活动和项目，如学校体育节、户外探险活动、社区体育赛事等，使学生能够在实践中学习和体验体育的魅力。这些活动不仅有助于学生了解和尊重多样的体育文化，也为他们提供了展示自我、挑战自我的机会，从而在积极参与中培养学生的自信心和自我效能感。同时，一些创新的教学实践还尝试将科技元素融入体育教学中，如使用虚拟现实技术（VR）、增强现实技术（AR）等，创造虚拟体育环境和模拟体验，为学生提供了全新的体育学习和训练方式。这些科技手段不仅丰富了体育教学的内容和形式，也使体育学习变得更加个性化和灵活化，满足了不同学生的学习需求和偏好，进一步提高了学生的学习动力和愉悦感。

总之，研究和实践成果表明，通过创新的教学设计和方法，结合现代科技手段，可以有效地提升体育教学的趣味性和互动性，激发学生的学习兴趣，增加学生的学习愉悦感，从而促进学生的全面发展和身心健康。

通过这些理论研究和实践探索，可以看出，将愉悦教育理念应用于高校体育教学中是行之有效的。这不仅有助于提升学生对体育学习的兴趣，还能促进学生在身体和心理层面的健康发展。因此，深入探讨愉悦教育在体育教学中的应用原理，以及如何结合心理学原理和国内外实践经验来优化教学方法，对于推动高校体育教学改革具有重要的理论和实践意义。

二、体育与愉悦教育的结合价值

体育与愉悦教育的结合在高校体育教学中具有极大的价值，不仅能提升学生的学习动机，促进身心健康，还能增强团队协作精神，为学生的全面发展提供支持。

（一）提升学生的学习动机

将愉悦教育理念融入高校体育教学，能够有效提升学生对体育学习的积极态度和内在动力。体育课堂变得更加生动有趣，学生对参与体育活动的兴趣自然增强。例如，通过实施游戏化教学策略，教师可以创造多样化的游戏场景，让学生在完成特定任务或解决问题的过程中锻炼身体。这些游戏不仅需要学生动脑筋思考策略，还需身体协作完成挑战，从而在无形中提升了体育技能和团队协作能力。

通过设置具有竞赛性和趣味性的活动，如"接力跑""趣味篮球赛"等，可以增加学生的参与度和互动性，使他们在体验竞赛的刺激和乐趣的同时，也在不知不觉中学习了体育知识和技能。这种教学模式下，学生不再是被动接受知识的对象，而是积极参与的主体，他们通过实践活动感受成就和乐趣，从而增强了学习体育的内在动力。

更进一步，通过将现代信息技术应用于体育教学，如使用智能穿戴设备记录运动数据，利用虚拟现实技术进行体育技能训练等，可以为学生提供更加个性化和科技感的学习体验。这些技术的应用不仅使体育学习更加高效和有趣，也让学生在享受科技带来的便利和乐趣的同时，增强了对体育学习的兴趣。

总之，通过创新教学方法和手段，结合愉悦教育理念，高校体育教学可以更好地激发学生的学习动力和兴趣，使体育学习成为一种享受，进而促进学生身心健康和全面发展。

（二）促进身心健康

体育活动对于学生来说，是一个全方位提升自我、实现健康生活方式的重要手段。在高校这一特殊的学习阶段，学生面临的学业压力和心理压力往往较大，这时，参与各种体育活动不仅能有效促进学生的身体健康，还能在心理层面为学生提供一种独特的压力缓解渠道。通过体育锻炼，学生能够将学习过程中积累的压力和紧张情绪通过汗水释放出来，这种物理上的释放同时也是心理上的释放，有助于调节情绪，放松心情。

体育活动还能促进学生间的社会交往，增强社交技能。在团队运动中，学生需要与队友沟通协作，共同面对比赛中的挑战，这不仅能增强团队合作精神，还能在交流中增进彼此的了解和友谊，使学生在社会性发展上也得到增强。同时，通过体育活动，学生可以认识到团结协作的重要性，学习如何在集体中发挥自己的作用，这对于他们将来融入社会、适应多元化工作环境具有重要的意义。

此外，规律性的体育锻炼还能培养学生的自律性和毅力。面对体育锻炼中的各种挑战，学生需要坚持不懈地训练，这种坚持不仅能提高体能，更能锤炼意志，增强自我控制力。长期下来，学生会形成自觉运动的习惯，这种积极的生活态度和习惯将伴随他们的一生，为他们的健康生活方式打下坚实的基础。

总而言之，体育活动为高校学生提供了一个优良的平台，不仅能够促进其身体健康，还能在心理、社会性发展和个人习惯养成方面带来积极影响。因此，高校应当鼓励学生积极参与体育活动，通过提供多样化的体育项目和丰富的体育资源，帮助学生在享受运动乐趣的同时，实现身心的全面发展。

（三）增强团队协作

团队体育项目在高校体育教学中占据着不可或缺的地位，它们通过各种形式的竞技和协作活动，有效地将愉悦教学法与团队合作精神的培养结合起来。这种结合不仅能提升学生在体育活动中的参与度和兴趣，更重要的是能在轻松愉悦的环境中培育学生的社交技能和团队意识。

在团队体育活动中，每位参与者都是团队不可分割的一部分，他们必须共同努力以达成共同的目标。这种共同努力的过程促使学生理解并实践团队协作的基本原则，如相互尊重、有效沟通、共享胜利与失败等。例如，在篮球、足球等团队比赛中，学生不仅要发挥个人技术，更要学会如何与队友配合，如何在比赛中灵活变换策略以应对不同的对手，这些都是团队协作能力的体现。

愉悦教学法通过引入游戏化元素，如设定具有挑战性的团队目标、组织趣味性强的团队接力比赛等，能够有效增加学生的参与感和团队凝聚力。这种积极的参与和体验不仅能加深学生对团队合作重要性的认识，也能在活动中建立起积极的团队文化，使学生在享受运动乐趣的同时，自然而然地学会如何作为团队的一分子，为集体目标贡献自己的力量。

此外，通过团队体育项目，学生能学习到如何在团队中发挥领导作用，如何激励和帮助队友，以及如何处理团队内部的冲突和分歧。这些都是学生在未来社会生活和职业生涯中非常宝贵的技能。因此，高校体育教育应重视团队体育项目的开展，通过创造多样化、富有挑战性且愉悦的体育教学环境，为学生提供一个学习和实践团队合作精神的理想平台。

综上所述，体育与愉悦教育的有机结合，不仅能够丰富高校体育教学的内容和形式，还能有效提升学生的学习效果和身心健康水平，促进学生全面发展。因此，高校体育教学应积极探索和实践体育与愉悦教育的结合策略，为学生创造更加丰富多彩的体育学习环境。

三、体育教育与愉悦教育结合的实施策略与方法

在高校体育教学中，将愉悦教育融入体育活动，不仅能提高学生的身心健康，还能增强学生对体育课程的兴趣和参与度。实施策略与方法的制定对于实现这一目标至关重要。

（一）课程设计的多样化

课程设计的多样化是提高高校体育教学效果的关键因素之一。在当代教育背景下，学生们对体育活动的期待已经远远超越了简单的体能训练，他们渴望通过体育课程获得更多的乐趣和自我表达的机会。因此，体育教育者需要从学生的需求出发，创新课程内容，引入更多符合学生兴趣和时代特征的运动项目。

在课程设计中融入多样化的愉悦体育活动，不仅可以激发学生的学习热情，更是一个促进学生身心全面发展的有效途径。例如，趣味接力赛和小团队比赛等活动，通过设定具有创造性的游戏规则和竞赛目标，可以让学生在轻松愉快的氛围中体验团队合作的魅力，学习如何在竞赛中尊重对手，培养公平竞争的精神。这些活动不仅丰富了体育课程的内容，也有助于塑造学生的社会性格和人际交往能力。

同时，结合学生兴趣引入新兴运动项目，如街舞、极限运动、瑜伽等，不仅能够增加体育课程的吸引力，还能够帮助学生发现和培养自己的特长和兴趣。这些运动项目往往具有较强的个性化和表现性，能够有效提升学生的自我表达能力和创造力，同时也能增强学生的身体柔韧性、平衡性和协调性。

综上所述，多样化的课程设计不仅能够满足学生对体育学习的多元需求，还能通过愉悦的体育活动促进学生的身心全面健康发展。因此，高校体育教育者应积极探索和实践多样化的课程设计方法，创造一个富有活力和创新性的体育教学环境，引导学生在愉悦中学习，在学习中成长。

（二）教学方法的创新

在高校体育教学中，创新教学方法是实现愉悦教学目标的重要途径。通过采用互动式和体验式的教学，教师能够创建一个充满活力和参与度高的学习环境，让学生在享受运动乐趣的同时，还能学到合作与沟通的重要性。例如，角色扮演和情景模拟等方法，能够让学生置身于模拟的运动场景中，不仅能增强学生对体育知识的理解和记忆，还能促进学生间的互动和交流，使学生在实践中学习和成长。

教师可以根据体育课程的具体内容，设计与课程目标相匹配的互动游戏或挑战任务。例如，在篮球教学中，教师可以设置"最佳团队协作奖"这样的目标，鼓励学生在比赛中更多地传球与协助，而不仅仅是单打独斗。这样的教学方式不仅能提升学生的球技，还能加深他们对团队合作重要性的认识。

此外，将现代科技工具融入体育教学也是一种有效的创新教学方法。利用虚拟现实技术、移动学习应用等，可以为学生提供更加生动和真实的学习体验。例如通过 VR 技术模拟不同的体育运动场景，让学生在虚拟环境中体验滑雪、攀岩等运动，既安全又能增加学习的乐趣。

通过这些创新教学方法，高校体育教学不仅能够提升学生的体育技能，还能有效培养学生的社会能力、创新思维能力和问题解决能力，同时也能增强学生的学习愉悦感和成就感。因此，教师应不断探索和实践新的教学策略和方法，为学生创造一个既有挑战性又充满乐趣的体育学习环境。

（三）评价体系的调整

调整评价体系，以更全面地反映愉悦体育教学的教育价值，是提高学生体育学习动力和愉悦感的关键。在构建新的评价体系时，教师应从学生的全方位发展出发，不仅考量技能掌握和运动成绩，还重视学生在体育活动中的情感体验、社交互动和创造性表现。

例如，团队合作的评价可以基于学生在团队中的互助与沟通能力，如何协同作战以达成团队目标；积极参与的评价则关注学生是否能够主动投入每项活动中，无论是竞技还是娱乐性质的项目；创意展示的评价则鼓励学生在运动过程中展现个性和创意，比如在舞蹈、体操等项目中的自编动作或是团队表演。

此外，将自我评价和同伴评价纳入评价体系，可以促进学生的自我反思和相互学习。自我评价鼓励学生思考自己在体育活动中的表现，包括技能提升、团队贡献及个人情感体验；同伴评价则建立在互相观察和反馈的基础上，帮助学生认识到自己和他人的优点和需要改进的地方，从而建立起相互支持和积极向上的学习氛围。

通过这样的多元化评价体系，不仅能更准确地评估学生在体育学习中的综合表现，还能激发学生的学习热情和创造性，促进其在愉悦的氛围中获得身心的成长。这种评价方式更加人性化，能够充分认可学生的每一分努力和进步，使体育教学更加富有成效和吸引力。

第三章 现代高校体育教学设计与过程优化

第一节 体育教学设计理念与构思

在当代高校教育背景下，体育教学不仅仅是为了提升学生身体的素质，更是全面发展教育理念的重要组成部分。面对日益增长的学生身心健康问题和社会对高素质人才的需求，高校体育教学面临着诸多挑战，包括如何激发学生对体育活动的兴趣、如何提高体育教学的质量和效果以及如何通过体育教学促进学生的全面发展等。

在这种背景下，教学设计理念的重要性显得尤为突出。一个合理、科学的教学设计理念能够指导教师有效地组织教学活动，充分调动学生的积极性，实现教学目标。此外，良好的教学设计还能帮助教师更好地应对教学过程中出现的各种问题，提高教学的灵活性和适应性。因此，构建以学生为中心的体育教学设计理念，旨在通过体育活动促进学生身心健康发展，提升学生的社会适应能力和生活技能，这已成为当前高校体育教学改革的重要方向。

一、体育教学的设计理念

（一）整体教育理念

在当代高等教育中，体育教学作为一种全人教育的重要组成部分，对学生的综合素质培养具有显著影响。体育教学不仅仅关注学生身体能力的提升，更广泛地融入了智育、德育和审美教育的元素，形成一种多维度的教育模式。

这种整体教育理念的实施，意味着高校体育教学的目标不再局限于传授运动技巧或提高体能，而是通过体育活动的多样化体验，促进学生智力的发展，强化其道德观念，以及提升审美和文化素养。

体育活动因其独特的参与性和体验性，成为实现道德教育和审美教育的有效途径。通过团队合作的体育项目，学生能够在实践中学习到责任、尊重、合作等社会主义核心价值观；通过竞技体育活动，学生能够学会如何在公平竞争中尊重对手、遵守规则、面对胜负；通过体验传统体育和舞蹈等活动，学生能够感受到不同文化的美学魅力，培养国际视野和跨文化交流能力。此外，体育教学还能够通过解决运动中遇到的问题和挑战，锻炼学生的思维能力和创新意识，为其智力发展提供动力。

因此，高校体育教学应当在整体教育理念的指导下，设计和实施更为全面和深入的教学活动。通过将体育教学与智育、德育、审美教育有效结合，不仅能够提升学生的体质和运动技能，更能够全面促进学生的个性发展，培养他们成为具有社会责任感、创新精神和文化素养的全面发展的人才，实现学生身心的和谐发展和终身学习的目标。

(二) 学生中心理念

实施学生中心理念在体育教学中尤为重要，因为它能够根据每位学生的能力、兴趣和需求，提供更为精准和有效的教学策略。通过采用个性化的教学方法，教师能够识别和满足每位学生的独特需求，创建更加包容和刺激的学习环境。例如，分层教学不仅能够确保每位学生都能在自己的水平上获得挑战和成长，同时也能防止高水平学生感到无聊或低水平学生感到沮丧。此外，通过兴趣小组等教学活动，学生可以选择与自己兴趣相符的体育项目，这不仅能增强他们的学习动力，还能提高他们的参与度和满意度。

在这样的教学理念下，教师的角色从传统的知识传递者转变为学习引导者和支持者。教师通过观察学生在体育活动中的表现，了解其优势和兴趣点，进而设计包含多样化活动的课程，确保每位学生都能从中获得积极体验。同时，鼓励学生参与到教学设计和决策过程中，这不仅能提升学生的参与感和责任感，还能培养他们的批判性思维和解决问题的能力。

进一步地，学生中心的教学方法还能促进学生之间的互动与合作。在团队运动和合作游戏中，学生能够学会如何在集体中发挥作用、如何与他人沟通和协作，这些技能对于他们未来的社会生活和职业发展至关重要。总之，通过实施学生中心的体育教学理念，可以有效促进学生的全面发展，为他们的未来打下坚实的基础。

（三）终身体育理念

终身体育理念的推广是现代高校体育教学的一大创新点，它着眼于学生的长远发展，旨在通过体育活动培养学生的自我管理能力、自律性以及持续学习的意识。这一理念的出发点是体育教育的持久影响，不仅关注学生在校期间的体育表现，更关心他们在未来生活中的身体活动水平和生活质量。

为实现终身体育的目标，教学内容和方法需要进行相应的调整和优化。课程设计应涵盖广泛的体育项目，旨在让学生体验和掌握多种运动技能，从而在毕业后能够根据个人兴趣和条件选择适合自己的运动。同时，教学中应注重培养学生的自我学习和自我训练能力，如通过视频教学、在线课程等方式，引导学生学习如何安全有效地进行自我训练，理解运动对健康的长期益处。

此外，终身体育理念还强调了体育活动在促进社会交往和建立健康社会关系中的作用。通过团队运动和集体活动，学生能够在校园内外建立起积极的社交网络，这些社交活动不仅能够在学生毕业后持续，还能提高他们的社会适应能力和生活满意度。通过这种方式，终身体育理念实际上是在为学生毕业后的健康生活、持续的个人成长和社会参与奠定基础。

总之，通过将终身体育理念融入高校体育教学中，可以帮助学生建立起持久的体育活动习惯，培养他们的终身运动意识，从而享受到运动带来的身心健康和社会福利。

二、体育教学的构思方法

在现代高校体育教学中，构思方法的创新对于激发学生的学习热情、提升教学效果具有至关重要的意义。为此，教师需要在课程内容设计、教学方法和评价机制等方面进行深思熟虑和创新实施。

（一）课程内容设计创新

1. 融入多样化体育项目

在高校体育教学中，融入多样化体育项目是一种有效的教学策略，旨在通过引入各种体育运动满足学生多元化的需求和兴趣。课程设计时，应考虑到不仅仅包括传统的体育项目，如篮球、足球、羽毛球等，这些项目对于团队合作意识、竞技精神和身体素质的增强都有显著效果。同时，结合现代流行和兴趣广泛的运动，如街舞和极限运动，不仅可以吸引学生的注意力，增加他们参与体育活动的热情，还能开阔学生的视野，让他们了解到体育运动的多样性和创新性。

例如，街舞作为一种富有节奏感和表现力的舞蹈形式，能够极大地提升学生的身体协调性和音乐节奏感，同时街舞的团队编排也能培养学生之间的合作和默契。极限运动，如滑板、攀岩等，虽然挑战性较大，但可以有效地锻炼学生的勇气、决断力和自我超越的精神。通过设立安全的实践环节和指导，这些活动可以成为体育教学中的亮点，鼓励学生勇于尝试和挑战自我。

将这些多样化的体育项目融入课程设计中，不仅可以提升学生的体育学习兴趣，更能通过不同类型的体育活动，帮助学生发现自己的潜能和兴趣点，进而激发他们长期参与体育运动的动力。这种多样化的教学设计，无疑将为高校体育教学注入新的活力，促进学生的身心健康全面发展。

2. 引入新兴和趣味性强的体育活动

在当代教育体系中，随着科技的迅速发展和新兴文化的普及，引入电子竞技体育、VR体育以及其他趣味性强的体育活动，如彩色跑、泡泡足球等，已成为高校体育教学创新的重要方向。这些新兴的体育项目不仅拓宽了传统体育课程的边界，更以其独特的魅力和互动性强的特点，极大地提升了学生对体育活动的兴趣和参与度。

电子竞技体育，作为一种结合了体育竞技和电子游戏的新型运动，它要求选手具备快速的反应能力、高效的团队协作能力和战略规划能力。将电子竞技体育纳入体育课程，不仅能激发学生的学习热情，还能培养其逻辑思维能力和团队合作精神。VR体育则通过虚拟现实技术，为学生提供了一个沉浸式的体育运动环境，使他们能够在虚拟世界中体验各种体育项目，这不仅能够增强学生的身体协调性和空间感知能力，还能有效提高他们对体育课程的兴趣。

此外，趣味性强的体育活动，如彩色跑和泡泡足球，通过游戏化的形式，将运动与娱乐结合，为学生提供了一种全新的体育体验。这些活动不仅能够让学生在轻松愉快的氛围中享受运动的乐趣，还能促进学生之间的交流与合作，增强团队意识。

综上所述，将这些新兴的体育项目和趣味性强的体育活动引入到体育课程中，能够有效提升课程的吸引力和教育效果，帮助学生发现更多运动的乐趣，同时也促进了学生身心健康和综合素质的全面发展。

（二）教学方法创新

1. 采用现代教学技术和工具

利用多媒体教学、虚拟现实技术等现代教学工具，已经成为改革传统体育教学方法、提高教学质量和效率的重要手段。这些技术不仅能够使体育课堂更加生动有趣，还能极大地扩展体育教学的内容和形式，让学生有机会体验到多样化的体育运动，尤其是那些因地理、气候等条件限制而难以在学校环境中实际操作的项目。

例如，通过VR技术，学生可以置身于仿真度极高的虚拟环境中，体验滑雪、潜水、攀岩等极限运动，不仅无须担心安全问题，还可以在任何时间和地点享受到这些运动带来的刺激和乐趣。此外，VR技术还能提供即时反馈和个性化指导，帮助学生更快地掌握运动技巧，提高学习效率。

多媒体教学的应用也为体育教学带来了革命性的改变。通过视频、动画、互动软件等多媒体资源，教师能够更直观地展示运动技巧和策略，学生也能通过互动学习平台进行自我测试和复习，这种互动性和可视性大大增强了学生的学习兴趣和主动性。

综上所述，现代教学手段的应用不仅能使体育教学内容更加丰富多彩，还能提高教学的趣味性和实效性，从而激发学生的学习热情，促进其全面发展。随着科技的不断进步和教育理念的更新，未来的体育教学将会更加依赖于这些现代化的教学工具和方法。

2. 引导学生主动学习，增加互动和合作

通过引入小组合作、角色扮演、案例分析等互动式教学方法，可以极大地提升体育教学的动态性和参与度。小组合作不仅促进了学生之间的交流和合作，还激发了他们解决问题的能力和团队精神。在这种教学模式下，学生被分配到不同的小组，每个小组需要共同完成指定的任务或项目，如设计一项新的体育游戏、策划一场体育活动等，这种合作过程能有效增强学生的沟通能力、组织能力和领导能力。

角色扮演是另一种增加课堂互动的有效方法。通过模拟不同体育场景，学生可以扮演教练、运动员、裁判等不同角色，从而深入理解体育运动的规则和精神。这种方法不仅使学生能够从多个角度理解体育活动，还能提高他们的同理心和批判性思维能力。

案例分析法则通过分析真实或模拟的体育事件和情境，引导学生探讨和解决实际问题。教师可以选择与学生年龄和兴趣相符的体育案例，引导学生分析案例中的关键问题、讨论可能的解决方案，并将理论知识与实践经验相结合。这种方法能够鼓励学生进行批判性思考，培养他们的问题解决能力。

综合运用这些教学方法，不仅能提高学生在体育活动中的主动性和协作能力，还能培养他们的创新思维和实际操作能力。通过增加课堂的互动性和合作性，学生可以在享受体育乐趣的同时，获得更全面和深入的学习体验。

（三）改革评价机制

1. 建立多维度评价体系

在构建现代体育教学评价体系时，不仅要关注学生的体育技能水平，还需要充分考虑学生在体育活动中的态度、参与度、团队合作能力、规则意识、健康习惯等方面的表现。这种多维度评价体系能够更加全面和客观地反映学生的体育学习效果，同时也鼓励学生在体育活动中追求全面发展而非单一技能的提高。

技能水平依然是评价体系中的重要组成部分，它主要评估学生掌握体育运动技能的程度，包括基本动作技能、运动规则理解、运动战略应用等。然而，除了技能水平外，学生的态度和参与度也同样重要。这包括学生对体育课的态度、上课积极性、持续参与体育活动的意愿等。积极的态度和高参与度能够促进学生身心健康、增强学习动力。

此外，团队合作能力是体育活动中不可或缺的一部分，评价体系应当考虑学生在团队项目中的协作精神、沟通能力、领导能力等。规则意识反映了学生对体育运动规则的理解和遵守程度，是公平竞赛和体育精神的重要体现。健康习惯的培养则是体育教学的长远目标，评价学生是否能够通过体育活动建立起健康的生活方式。

在实施形成性评价的同时，鼓励自我反思和进步是现代体育教学评价的另一重要方面。通过定期的自我评价和同伴评价，学生可以更加清晰地了解自己在体育学习中的优点和不足，从而有针对性地进行改进。教师也可以根据评价结果调整教学策略，从而更好地满足学生的学习需求。

总而言之，一个全面的体育教学评价体系不仅能够更准确地评价学生的体育学习效果，还能激发学生的学习热情，促进其全面发展。通过多维度评价，教育者可以为学生提供更加丰富和深入的学习体验，帮助他们在体育活动中培养健康的身体、积极的心态和良好的社会适应能力。

2. 实施形成性评价

形成性评价，作为一种以学生学习过程和个人进步为中心的评价方式，强调在教学过程中对学生进行持续、系统的评估和反馈。这种评价方式的核心在于促进学生的自我认识和自我提升，而不仅仅是对学生学习成果的简单量化。通过形成性评价，学生被鼓励去关注自己在学习过程中的每一个细节，包括他们如何参与体育活动、如何与他人协作以及如何面对挑战和困难。

在形成性评价中，教师的角色转变为引导者和促进者。教师通过提供及时、具体的反馈，帮助学生明确自己的优势和需要改进的地方。这些反馈不仅包括技能的掌握程度，还涉及学生的努力程度、参与态度、团队精神等非技能方面的表现。此外，教师还可以设计一系列具有挑战性的任务和活动，鼓励学生探索新的学习方法，实现自我超越。

形成性评价还倡导学生进行自我评价和同伴评价，这不仅有助于建立学生之间的互信和支持，同时促进学生从不同角度反思自己的学习过程。学生在评价过程中学会了如何客观地看待自己和他人，如何从失败中吸取教训，以及如何在成功中找到可以复制的模式。

通过这种评价方式，学生能够认识到学习是一个不断进步的过程，每一次尝试都是向前迈进的一步。这种对过程的重视和对进步的鼓励，能够有效提高学生的学习动力和自信心，让他们在体育教学中不仅学到技能，还能学会学习、合作和面对挑战的态度，为他们的终身学习和全面发展奠定坚实的基础。

第二节 体育教学过程的普遍规律

在当今快速发展的社会背景下，高校体育教学不仅关注学生体能的培养，更重要的是通过体育活动促进学生全面发展，包括身心健康、社交能力、团队协作能力及道德品质等方面。高校体育教学的目标在于帮助学生建立终身体育的观念，激发他们对体育活动的兴趣和热爱，从而培养健康的生活方式和积极向上的生活态度。这一教学目标的实现，对提升学生的综合素质，促进其健康成长具有重要意义。

探讨体育教学过程中遵循的普遍规律，是实现高校体育教学目标的必要前提。体育教学过程是一个复杂的系统工程，它不仅涉及运动技能的教授，还包括学生身体和心理两个层面的发展。因此，了解和掌握体育教学的普遍规律，对于优化教学方法、提高教学质量、促进学生全面发展具有指导性的意义。遵循体育教学的普遍规律，可以帮助教师更好地设计教学内容和教学活动，更有效地激发学生的学习动力和参与热情，进而提高教学效果。

因此，深入探讨和理解体育教学中的普遍规律，不仅是提升教学水平的需要，也是实现教育目标、培养高素质人才的重要途径。通过科学的教学设计和方法创新，高校体育教学能够在促进学生身体健康的同时，更全面地提升学生的个人素质和社会能力，为他们的未来发展奠定坚实的基础。

一、体育教学过程概述

（一）体育教学的基本过程

高校体育教学作为一种特殊的教学活动，其过程不仅包括了知识的传授和技能的训练，还融入了对学生身心发展的全面关注。体育教学的基本流程可以划分为准备阶段、实施阶段以及结束与反馈阶段，每个阶段都承载着不同的教学任务和目标。

1. 准备阶段

准备阶段的重要性在于它为接下来的教学活动奠定了基础，确保了教学的有序进行和最终目标的实现。首先，教学目标的设定需要明确且具体，它直接关系到教学活动的方向和重点。教学目标既要符合体育教学的总体要求，也要考虑到学生的年龄特征、体能水平和兴趣偏好，确保目标的实现性和挑战性。

接着，教学内容的选择与组织是准备阶段的核心工作之一。教师需要从大量的体育运动中精心挑选，结合学生的实际和教学目标，选择最适合学生的内容。此外，如何组织这些教学内容，使其既系统又灵活，既有层次感又能调动学生的积极性，也是这一阶段需要考虑的重要问题。

教学方法和手段的准备也非常关键。随着教育技术的发展，越来越多的新型教学工具和手段可以被应用到体育教学中，如视频分析、在线互动平台等，这些都能极大地丰富教学手段，提高教学效率。同时，教师还应准备适当的教学辅助设备和安全保障措施，确保教学活动顺利进行。

最后，学生的身心状态调整也是准备阶段的重要内容。教师需要通过各种方式，如动员会、预习指导等，帮助学生调整好身心状态，以积极的态度面对即将开始的体育活动，确保学生能够在最佳状态下参与到教学中来。

总之，准备阶段的工作虽然在整个教学过程中不是最为显眼的部分，但它的重要性不容忽视。一个周全、细致的准备工作能够为体育教学的顺利进行提供坚实的保障，帮助教师和学生共同实现教学目标。

2. 实施阶段

在实施阶段，教师的角色变得更加活跃和灵活，他们需要实时观察学生的反应，根据学生的学习情况和反馈调整教学策略。为了确保教学活动能够高效且有序地进行，教师需采用多种教学方法，以适应不同学生的学习风格和需求。例如，通过示范教学，教师可以直观地展示技能动作，让学生有一个清晰的学习目标；在此基础上，教师还可以通过个别指导，针对学生的具体问题提供专门的指导和建议。

此外，实施阶段的教学活动设计应充满创意和挑战，能够激发学生的学习兴趣和探索欲。通过组织各种小型比赛和团队合作游戏，不仅能够提高学生的技能实践应用能力，还能培养学生的团队精神和竞争意识。在这个过程中，教师应鼓励学生积极参与，为他们创造充分展示自我和相互学习的机会。

同时，实施阶段也是对学生情感态度和价值观进行培养的关键时期。教师应利用体育教学活动作为载体，传递团队合作、公平竞争、尊重他人等正面价值观念，帮助学生在体育活动中体验成功与失败，学会面对挑战和不断超越自我。通过这些活动，学生不仅能够学到体育技能，更能够在社会性、情感性和道德性方面得到全面发展。

总的来说，实施阶段要求教师具备高度的教学能力和灵活的应变能力，通过科学合理的教学设计和方法，使体育教学活动既能达到技能训练的目的，又能有效促进学生全面素质的提升。教师的引导与激励，学生的积极参与与互动，共同构成了实施阶段教学活动的生动画面，为学生的终身发展奠定了坚实的基础。

3. 结束与反馈阶段

结束与反馈阶段对于提高体育教学的质量和效果至关重要。在这一阶段，教师不仅需要对学生的技能掌握程度、参与态度、团队合作能力等方面进行综合评价，还要对学生的情感、态度、健康习惯等非技能方面进行观察和反馈。通过具体、积极的反馈，学生能够明确自己的优势和不足，增强自我改进的动力和方向。

此外，教师应鼓励学生进行自我评价和同伴评价，促进学生之间的正向交流，帮助他们从不同角度理解和吸收体育教学内容。这种互评机制不仅能增强学生的自我认识，还能培养他们的批判性思维和相互尊重的精神。

对于教师而言，结束与反馈阶段也是一个自我提升的过程。通过对教学过程的反思，教师可以发现教学中存在的问题和不足，如教学方法的选择、教学内容的安排、课堂管理的效果等，从而在未来的教学中做出相应的调整和优化。教师还可以通过学生的反馈获取教学效果的直接反馈信息，了解学生的真实感受和需求，使教学更加符合学生的实际情况。

为了更有效地进行结束与反馈，教师可以采用多种方式收集反馈信息，如问卷调查、小组讨论、个别访谈等。通过这些方式，教师不仅能够获得学生对教学活动的评价和建议，还能深入了解学生在学习过程中的心理变化和情感体验。

总之，结束与反馈阶段是教学过程中不可或缺的一环，它既是对学生学习成果的总结，也是对教学过程的回顾和反思。通过有效的反馈和反思，教师和学生能够共同促进体育教学的持续改进和发展，实现教学目标的最终达成。

（二）体育教学的基本原则

在高校体育教学中，贯彻实施这些基本原则对于实现教学目标和提升教学效果具有重要意义。首先，采用从易到难、循序渐进的教学策略，教师可以有效地引导学生从掌握基本技能开始，逐步面对更高难度的挑战，这不仅有助于学生建立成功的信心，还能促进其持续的技能提升和个人成长。通过精心设计的教学活动，学生能够在每个阶段都获得适当的挑战和支持，从而激发其学习热情，维持高度的学习动力。

同时，结合实际、注重实践的原则要求教师将教学内容与学生的日常生活和兴趣爱好相结合，使体育学习不仅限于理论知识的传授，更加强调实际操作和体验。例如，可以通过组织校园足球联赛、篮球友谊赛等，让学生将在课堂上学习到的技能应用于实践中，体验运动带来的乐趣，增强学习的实用性和生活化。

学生中心、个性化教学原则则强调教师应关注每位学生的个性化需求和发展潜力，通过灵活多样的教学方法和策略，为不同背景、不同能力和兴趣的学生提供量身定制的教学内容。这种教学方式有助于充分发挥每位学生的潜能，促进他们在体育活动中找到自己的兴趣点和强项，从而更好地促进其身心健康全面发展。

总而言之，遵循从易到难、循序渐进，结合实际、注重实践，以及学生中心、个性化教学等基本原则，是高校体育教学成功的关键。这些原则不仅为学生提供了一个积极、健康、有益的学习环境，也为教师提供了指导学生全面发展的有效策略，共同推动高校体育教学向更高质量、更深层次的目标迈进。

二、体育教学的动态性

在高校体育教学中，教师必须认识到教学的动态性，这包括教学环境的变化与适应、教学内容的更新与选择等方面。体育教学不是一个静态的过程，而是需要不断地根据学生的发展、社会的变化和科技的进步进行调整和更新。

（一）体育教学环境的变化与适应

在当今快速变化的时代背景下，高校体育教学面临着前所未有的挑战和机遇。现代学生处于信息爆炸、高度竞争的社会环境中，普遍承受着较大的学习和生活压力。这种背景下，体育教学不仅仅是传授体育技能的过程，更是一种重要的身心发展和压力调节手段。教师需要认识到，适应学生的身心特点，采取恰当的教学策略，有助于学生缓解心理压力，增强体质，促进身心健康全面发展。

随着社会的进步，对体育教育的需求和期望也在不断提升。人们越来越重视体育教育在培养全面发展人才方面的作用，希望学生通过体育活动不仅能增强体质，还能培养团队合作能力、领导能力以及应对挑战的韧性。因此，体育教学应当更加注重培养学生的综合素养，满足社会对高素质人才的需求。

科技的快速发展为体育教学提供了新的视角和方法。现代信息技术、虚拟现实技术、可穿戴设备等科技成果，为体育教学提供了丰富的教学资源和工具，使得体育教学方式更加多样化和个性化。教师可以利用这些技术手段，创建更加生动有趣、互动性强的教学环境，提高学生的学习兴趣和参与度。例如，通过虚拟现实技术模拟不同的体育场景，让学生在虚拟环境中体验滑雪、攀岩等运动，不仅能够拓宽学生的体育视野，还能提高学习的趣味性和实效性。

因此，面对时代的发展和学生身心特点的变化，高校体育教师应当不断更新教学观念，灵活运用科技成果和教学策略，创造出适应现代学生需求的、多样化的和高效的体育教学环境，从而更好地促进学生的全面发展和身心健康。

（二）体育教学内容的更新与选择

为了适应这些变化，体育教学内容的更新和选择显得尤为重要。首先，引入新兴体育项目是更新教学内容的有效方式。随着全球化和多元文化的交流，一些国际上流行的体育项目如街舞、攀岩、极限运动等越来越受到学生的喜爱。将这些新兴项目引入体育课程中，不仅能够丰富学生的体育体验，还能激发他们对体育活动的兴趣。

此外，结合学生的兴趣和需求选择教学内容是提升体育教学效果的关键。

通过调查学生的兴趣爱好，教师可以更准确地了解学生对不同体育项目的偏好，据此制定更加个性化和贴近学生需求的教学计划。例如，对于那些对球类运动感兴趣的学生，可以增加足球、篮球等项目的教学比重；而对于喜欢独立运动的学生，则可以提供跑步、游泳等更多选择。这种教学内容的个性化设计，不仅能增加学生的参与度，还能有效提高学生的学习效果和满意度。

同时，体育教学内容的选择还应考虑到社会和科技发展的新需求。在科技快速发展的今天，一些与科技结合紧密的体育项目，如电子竞技、虚拟体育等，正成为新的教学资源。通过这些科技化体育项目的引入，不仅能让学生体验到科技与体育结合的魅力，还能培养他们适应现代社会的能力。

总之，体育教学内容的更新和选择需要教师紧跟时代的步伐，充分考虑学生的需求和社会的变化，通过引入新兴体育项目和个性化教学设计，为学生提供更加丰富多彩和符合时代特征的体育学习体验。这不仅有助于提高学生的体育技能，更重要的是能够促进学生的全面发展和身心健康。

通过对体育教学环境的变化与适应，以及对教学内容的更新与选择，体育教学可以更好地满足学生的身心发展需要，适应社会和科技发展的新需求，为学生提供一个更加丰富、有趣、有益的体育学习环境。这种动态的教学模式不仅能够提高学生的体育技能，还能促进他们的全面发展，培养他们终身参与体育活动的习惯和爱好。

三、体育教学的互动性

（一）师生互动的重要性

师生互动在体育教学中起着桥梁的作用，它不仅促使知识的有效传递，还深化了学生对体育精神和价值的理解。有效的互动能够创建一个开放和包容的学习环境，其中学生感到自己被尊重和听见，这对于建立学生的自尊和自信至关重要。通过互动教学，教师能够观察到学生的个性特点、学习风格和需要，从而能够更加精确地调整教学策略，以适应每个学生的发展。

此外，积极的师生互动还鼓励学生提出问题和挑战，这种探索和求知的过程能够激发学生批判性思维和解决问题的能力。在体育活动中，面对各种体育挑战和游戏，学生需要思考如何有效地使用技巧、制订战略和做出决策，这些都需要教师的引导和支持。通过这种方式，师生互动成为学生自我探索和个性发展的催化剂。

有效的师生互动还能够增进教师和学生之间的情感联系，建立起相互信任和尊重的关系。这种正向的情感联系是学生积极参与体育活动的重要动力。当学生感到自己被重视和支持时，他们更加乐意接受挑战，更加勇于尝试新事物。此外，通过互动，教师能够传递给学生重要的生活技能，如团队合作、沟通技巧和领导能力，这些都是学生今后成功的关键因素。

总之，体育教学中的师生互动不仅是教学成功的关键，也是培养学生全面发展的重要途径。通过建立有效的互动，教师能够激发学生的学习兴趣，促进其身心全面发展，同时为学生的终身学习和成长奠定坚实的基础。

在体育教学中，师生之间的有效互动为学生提供了一个实际操作和体验的平台，使学生能够在体育活动中直接应用和实践所学的理论和技能。这种以问题为导向的学习方法鼓励学生积极思考，面对体育活动中遇到的各种情况和挑战，他们需要运用战略思考，制定合理的策略，以达到预定的目标。这不仅增强了学生的实际操作能力，还培养了他们的逻辑思维和决策制定能力。

此外，有效的师生互动还能够帮助学生学习如何在团队中发挥作用，促进个人与团队之间的协调和合作。在团队体育项目中，学生学会如何与他人沟通、如何共同解决问题以及如何在团队中承担责任，这些都是未来社会生活中极为重要的社交技能。

同时，教师可以通过观察学生在体育活动中的表现，及时发现学生的强项和弱点，并提供个性化的反馈和指导。这种及时的反馈机制可以帮助学生认识到自己的进步，增强自我效能感，同时也可以让学生了解到自己需要改进的地方，鼓励他们在未来的学习中更加努力。

最后，师生之间的有效互动还能够培养学生的自我调节能力，教会他们如何管理自己的情绪和行为，如何在面对失败和挑战时保持积极的态度。这对于学生的个人成长和心理健康具有长远的影响。

　　总的来说，师生之间的有效互动为学生提供了一个全面发展的环境，不仅让学生在体育技能上得到提升，更重要的是帮助他们培养了解决问题的能力、团队合作精神和自我调节能力，为他们的未来发展奠定了坚实的基础。

（二）学生之间的合作与竞争

1. 培养团队合作精神

　　在体育教学中，通过组织团队项目和集体活动，学生被鼓励在共同完成任务的过程中，学习如何有效地与他人沟通、协调和解决冲突。这种合作经历不仅增强了学生之间的相互理解和信任，还促进了他们社交技能的全面发展。通过团队合作，学生学会了如何在多样化的团队环境中发挥自己的优势、如何为团队贡献自己的力量以及如何欣赏和尊重他人的贡献。这种经验对于培养学生的责任感、领导力以及解决问题的能力具有不可估量的价值。

　　同时，体育教学中的竞争元素也非常关键。健康的竞争能够激发学生的挑战欲望和竞争意识，推动他们不断超越自我，追求卓越。在竞争中，学生学习如何面对压力和挑战、如何在比赛中保持公正和尊重规则以及如何在失败中寻找成长的机会。这些经历不仅对学生在体育领域的成就有所帮助，更重要的是，它们有助于学生形成健康的人生态度和价值观，为他们日后在社会上的竞争和合作打下坚实的基础。

　　综上所述，学生之间的合作与竞争在体育教学的互动性中起着至关重要的作用。它们不仅能够培养学生的团队合作精神和社交技能，还能促进学生的个性发展和价值观形成，对学生的全面发展具有深远的影响。通过精心设计的体育活动，教师可以为学生创造一个既有挑战又充满乐趣的学习环境，帮助他们在愉快的氛围中学习、成长和进步。

2. 激励学生之间健康的竞争

　　健康的竞争在体育教学中扮演着至关重要的角色，它不仅推动了学生在体能和技能上的发展，更重要的是在精神和道德层面促进了学生的成长。通过设计各种竞技比赛和技能挑战，教师为学生提供了展示个人才能、挑战自我的平台。这些活动鼓励学生设定目标、积极备战，并在比赛中全力以赴，体验努力与成就的过程。在这个过程中，学生不仅能感受到成功的喜悦，也会学习到面对失败的勇气和坚持不懈的精神。

更进一步，体育竞争中的公平公正原则对学生的道德教育具有深刻影响。通过严格遵守比赛规则和公正的裁判，学生学习到在竞争中要有诚信和正直的行为，理解到胜负不是唯一的目标，更重要的是参与过程中的体验、学习和成长。此外，通过与对手的较量，学生能够学会尊重对方，即使是对手也是推动自己成长的伙伴，从而培养了学生的团队精神和协作能力。

在教学实践中，教师可以通过合理设置比赛难度和规则，确保每位学生都有展示自己的机会，每场比赛都能成为学生学习和成长的契机。同时，通过比赛后的反思和讨论，教师和学生共同分享比赛经验，分析胜败原因，这不仅能增强学生的自我认知，还能促进他们的情感交流和团队凝聚力。

体育教学中的健康竞争是学生个人发展和团队合作能力提升的重要推手。通过精心设计的竞技活动和公平正义的比赛环境，学生在体验竞争的同时，也在不断地学习、成长和完善自我。

总之，体育教学的互动性对于激发学生的学习兴趣、促进学生能力的全面发展以及培养团队合作精神和健康竞争意识都具有不可替代的作用。教师应通过创造更多互动机会，构建积极的教学环境，让每位学生都能在体育学习中获得成功和满足感。

四、体育教学的评价与反馈

在高校体育教学中，评价和反馈是确保教学质量和促进学生发展的关键环节。有效的评价不仅反映了学生的学习成果，也指导着教学活动的改进和学生能力的提升。因此，构建一个多样化、全面的评价体系，结合及时、建设性的反馈，是实现教学目标的重要手段。

（一）评价方法的多样性

1. 技能评价

技能评价在体育教学中扮演着至关重要的角色，它直接衡量学生在体育活动中的实际表现和技能掌握程度。这种评价形式的多样性，从实际操作到技能测试，使得教师能够全面、准确地了解每位学生在体育技能上的具体水平。例如，通过篮球投篮的准确性测试、足球的盘球技巧检验、羽毛球的发球和接球技能测试等，教师不仅能评估学生的技术掌握情况，还能观察到学生在运动中的身体协调性和反应速度。此外，这种评价还可以根据学生在不同时间点的表现，反映其技能进步的轨迹，为教师提供调整教学策略、制定个性化教学内容的依据。通过对学生技能的持续跟踪和评价，教师能够及时发现学生在技能学习中遇到的困难，给予针对性的指导和帮助，确保每位学生都能在体育学习中取得进步。

2. 知识理解评价

知识理解评价在高校体育教学中占有重要地位，它关注学生对体育理论知识的深度理解和实际应用能力。这种评价方式超越了传统体育教学中仅注重技能和身体锻炼的局限，强调理论与实践的结合，促进学生全面发展。体育理论知识的范围广泛，包括但不限于运动规则的了解、身体健康和营养知识、运动生理学和运动心理学的基本概念、运动训练方法等，这些知识对于学生掌握体育技能、维护个人健康以及长期参与体育活动都至关重要。

教师可以通过多种方式进行知识理解评价。书面考试是最常见的评价形式之一，它可以系统地检测学生对体育理论知识的掌握情况。考试题型可以多样化，包括选择题、填空题、简答题、论述题等，旨在全面考查学生的记忆、理解、分析和应用等多方面能力。例如，教师可以设计一些案例分析题，要求学生基于运动生理学的知识，分析运动员在比赛中可能遇到的体能问题和解决策略，从而检验学生将理论知识应用到实际情境中的能力。

口头提问则是一种更为灵活、即时的评价方式，它不仅能够检测学生对知识的掌握情况，还能培养学生的思维敏捷性和表达能力。在课堂教学中，教师可以随机提问，鼓励学生积极思考并口头回答，通过这种互动方式激发学生的学习兴趣，同时也能即时了解到学生对理论知识的理解程度，及时调整教学策略。

项目报告是另一种评价学生理论知识理解和应用能力的有效方法。教师可以要求学生就特定的体育话题进行深入研究，撰写报告或进行口头报告。这种方式不仅能够促进学生对体育理论知识的深入理解和综合应用，还能培养学生的信息搜集、资料整理、逻辑思维和公共演讲等能力。例如，教师可以让学生围绕"现代人的运动习惯与健康状况"进行调研，撰写报告，不仅能使学生了解到运动对健康的重要性，还能激发他们对健康生活方式的思考和实践。

此外，教师还可以利用现代技术手段，如在线测验、互动式学习平台等，进行知识理解评价。这些平台通常提供即时反馈机制，能够帮助学生及时了解自己的学习情况，识别知识盲点，从而在后续学习中有针对性地加以改进。通过这种方式，教师能够实现对大班学生的有效管理和个性化教学，确保每位学生都能获得必要的关注和支持。

综上所述，知识理解评价是体育教学中不可或缺的一环，它通过多种形式和方法，全面评估学生对体育理论知识的掌握和应用能力，促进学生的理论学习与实践能力的双向发展。为了实现这一目标，教师需要根据学生的实际情况和学习需求，灵活选择和设计评价方式，创造有利于学生学习和成长的教学环境。

3. 态度和行为评价

态度和行为评价在高校体育教学中占据着极其重要的位置，它超越了传统教学评价体系中对于学生技能和知识掌握程度的关注，转而着眼于学生的个人发展、情感态度以及社交能力等非技能方面的综合素质。这种评价方式的核心目的在于培养学生积极的生活态度、良好的合作意识、严格的纪律观念以及对体育活动的持续热情，这些都是现代社会公民所必需的基本素质。

在实施态度和行为评价时，教师会通过直接观察和记录学生在体育课堂上的表现，如学生是否积极参与课堂活动、在团队中是否能够发挥合作精神、是否能够遵守课堂规则以及对待体育活动的态度等。这些观察点不仅涉及学生的个人行为，也包括其与同伴之间的互动关系，从而为教师提供了一个全面了解和评价学生在非技能方面表现的机会。

此外，态度和行为评价还包括学生对体育课程内容的兴趣和热情。热爱体育，对学习体育内容有着积极态度的学生往往能在课堂上展现出更高的活力和参与度。教师可以通过设置不同的体育活动，观察学生对这些活动的反应，从而评估学生对体育的热情程度。例如，引入一些新奇的体育项目或游戏，观察学生的参与度和反应，可以作为评价学生对体育学习兴趣的重要依据。

对学生态度和行为的评价，尤其注重过程而非结果。这意味着教师不仅要关注学生在单次活动中的表现，更要关注学生在一段时间内的行为和态度的变化趋势。通过定期观察和记录，教师可以了解学生在课程中的成长与进步，及时给予正向的反馈和鼓励，帮助学生在体育学习中建立自信，形成积极向上的学习态度。

为了使态度和行为评价更为系统和客观，教师可以设计一套标准化的评价表或者检查清单，列出具体的评价指标和标准。这些指标可以包括学生的纪律性、合作能力、参与度、对待失败的态度等。在此基础上，教师还可以采用同伴评价、自我评价等多元评价方式，让学生参与到评价过程中，增强评价的公平性和透明度。

同时，教师需要确保评价的及时性和建设性。及时的反馈可以帮助学生及时认识到自己的不足，明确改进的方向；建设性的建议则能够激发学生的改进动力，促进其个人发展。在反馈过程中，教师应当注重语言的选择，避免负面批评，通过鼓励和表扬的方式，帮助学生认识到自己的进步，增强其学习的积极性和自我效能感。

综上所述，态度和行为评价在高校体育教学中发挥着不可替代的作用。通过全面、客观的评价体系，教师可以更好地理解和指导学生，在提升学生体育技能的同时，促进其在道德、情感和社交等非技能方面的全面发展，为学生未来的社会生活和职业生涯奠定坚实的基础。

（二）反馈的及时性和建设性

1. 提供及时反馈

提供及时反馈在体育教学中扮演着至关重要的角色，它不仅是教学过程的一个重要组成部分，也是教师与学生互动、促进学生个人发展的关键环节。及时反馈可以帮助学生及时了解自己在体育学习中的表现，包括他们的技能掌握程度、运动理解能力以及参与体育活动的态度等，从而为学生的进一步学习提供明确的指导和目标。

首先，在体育教学中提供及时反馈的重要性首先体现在它能够增强学生的学习动机。正向的反馈可以鼓励学生，增强他们继续参与体育活动的意愿；即使是指出学生存在的不足，如果采取恰当的方式，也可以激发学生改进的动力。教师的反馈应当具体明确，既要指出学生在哪些方面做得好，也要明确指出需要改进的地方以及如何改进，这样学生才能有的放矢地进行针对性训练。

其次，及时反馈有助于促进学生技能的快速提升。在体育活动中，许多技能的学习需要及时纠正和指导，如正确的运动姿势、技巧的运用等。通过及时反馈，教师可以在学生执行动作的同时指出问题，并提供正确的示范，帮助学生迅速纠正错误，避免错误动作的固化，从而更有效地提高学习效率。

再次，及时反馈能够加强教师与学生之间的互动交流。在体育教学过程中，教师的即时反馈不仅是对学生表现的评价，更是一种沟通的方式，它可以促进教师深入了解学生的学习需求和心理状态，从而更有针对性地调整教学策略。同时，这种互动也能让学生感受到教师的关注和支持，增强他们的归属感和安全感，有利于建立积极健康的师生关系。

最后，提供及时反馈还能够培养学生的自我评价能力。在教师的指导下，学生可以学习如何自我观察、自我分析，逐渐形成自我评价的能力。这不仅对学生在体育领域的学习有益，对于他们的整体成长也是一种重要的能力培养。学生通过不断的自我反思和自我评价，可以更加清晰地认识到自己的优点和不足，为自己的学习和生活定下更合理的目标和计划。

为了实现有效的及时反馈，教师需要掌握一系列的技巧和方法。首先，反馈应当是及时的，最好能在学生完成动作后立即给出，这样可以最大程度地减少学生对动作感觉的遗忘。其次，反馈应当是具体和建设性的，避免使用模糊和泛泛的评价，要针对学生的具体表现给出明确的指导和建议。再次，教师应当鼓励学生参与反馈过程，通过提问和讨论的方式让学生自己分析原因和找到解决办法，这样不仅能提高学生的参与度，还能培养他们的独立思考能力。最后，教师应当保持积极鼓励的态度，即使是在指出学生不足时，也应当强调学生的进步和潜能，以免打击学生的自信心。

总之，在高校体育教学中提供及时、具体、建设性的反馈是促进学生学习、提高学生体育技能、加强师生互动以及培养学生自我评价能力的关键。通过有效的反馈机制，可以激发学生的学习兴趣，提高学生的学习效率，促进学生的全面发展，为学生的未来生活和工作打下坚实的基础。

2. 采取建设性建议

采取建设性建议在体育教学中发挥着至关重要的作用，它不仅关注学生当前的表现和存在的问题，更重要的是指引他们如何在未来进行有效的改进。这种反馈方式的核心在于激发学生的内在动力，帮助他们认识到尽管当前可能存在缺陷或不足，但通过努力和正确的方法，改进和进步是完全可能的。这样的反馈可以显著提高学生的学习动力和自信心，为他们的持续发展铺平道路。

首先，建设性建议的提供需要基于对学生个体差异的充分理解和尊重。教师在给予反馈时，应详细了解每位学生的学习背景、兴趣偏好、身体条件和心理特点，从而能提供针对性的、个性化的改进建议。这种个性化的关注不仅能使建议更具可操作性，也能让学生感受到被重视和理解，增强他们接受和实施建议的意愿。

其次，建设性建议应着重于指导学生设定实际可行的目标。这些目标应当既有挑战性，又能够在学生当前的能力范围内通过努力达成。通过与学生共同讨论并确定这些目标，教师不仅能够帮助学生清晰地认识到自己的学习方向，还能增加他们实现目标的决心和动力。在这一过程中，教师应鼓励学生采取分阶段的目标设定方式，将长期目标细分为一系列短期目标，这样学生在达成每一个小目标时都能获得成就感，进而为接下来的学习注入更多动力。

再次，提供具体的改进方法或策略是建设性建议中不可或缺的一环。教师应基于自己的专业知识和经验，向学生提供明确的、操作性强的建议，如改进训练方法、调整运动技巧、加强体能锻炼等。同时，教师还可以引导学生利用各种资源，如视频教程、专业书籍、在线课程等，来帮助自己更好地学习和进步。在这一过程中，教师的角色不仅是知识的传授者，更是学生学习过程的指导者和伙伴。

此外，鼓励学生从错误中学习是实施建设性建议的另一个重要方面。教师应当向学生传达这样一个信息：错误是学习过程中不可避免的一部分，它们是成长和进步的宝贵机会。通过分析错误的原因，学生可以了解到自己在哪些方面需要加强，如何避免同样的错误再次发生。教师可以通过案例分析、反思日志等方式，引导学生进行深入的自我反思，从而将错误转化为学习的动力。

最后，建立一个支持性的学习环境是有效实施建设性建议的关键。在这样的环境中，学生不应当害怕犯错，而应当被鼓励尝试、探索和创新。教师应当通过正向激励、同伴支持和合作学习等方式，营造一个充满鼓励和支持的氛围，让学生在相互尊重和帮助中共同成长。通过定期组织分享会、讨论会等活动，不仅可以让学生展示自己的进步，还能促进他们之间的经验交流和互相学习。

总而言之，采取建设性建议是高校体育教学中不可或缺的一个环节，它通过为学生提供具体的改进方向和策略，激发他们的内在动力，帮助他们看到成长的可能性，从而增强学习动力和自信心。在这一过程中，教师的角色是至关重要的，他们需要通过个性化关注、目标设定、提供具体策略、鼓励从错误中学习以及营造支持性学习环境等方式，引导和支持学生在体育学习中不断进步和成长。

在实践中，教师应当根据学生的个别差异和具体表现，灵活运用各种评价方法和反馈方式，旨在通过评价与反馈促进学生全面、均衡地发展。同时，教师也应该鼓励学生自我评价和相互评价，培养他们的自主学习能力和批判性思维能力，从而形成一个互动、共享、成长的学习社群。

第三节　体育教学过程的细节优化与管理

高校体育教学不仅是学生身体素质培养的重要环节，也是其心理素质、社会适应能力及团队合作能力提升的关键途径。在培养全面发展的学生方面，体育教学扮演着不可替代的角色。其重要性和目的在于通过多样化的体育活动，不仅增强学生的体质，更通过体育精神的培养，促进学生道德、智力、审美等多方面素质的全面发展。

一、教学计划的精细化

在高校体育教学中，教学计划的精细化是实现教学目标、提高教学效率和学生学习体验的基础。一个优秀的教学计划应当具备以下几个特点。

（一）明确教学目标

教学计划中具体且可度量的教学目标是高校体育教学成功的关键。这些目标的设定应全面覆盖学生体育学习的各个方面，从而确保学生不仅在体能上获得提升，更在心理素质、社会适应能力、团队协作能力等非技能方面获得同等重视和发展。为此，教学目标的制定需基于学生的具体需求、兴趣及能力水平，同时考虑学校教育的整体目标和社会对体育素养的要求。

举例来说，如果教学目标是"学生能够在一个学期内掌握基本的篮球运球和投篮技能"，这不仅意味着学生需要通过实践活动学习篮球的基本技能，更包括理解篮球比赛的规则、策略和精神。这样的目标既具体又可度量，可以通过技能测试、比赛表现等方式进行评估，同时也鼓励学生在学习过程中主动探索和实践。

另一方面，如果目标是"通过团队体育项目，提升学生的协作和沟通能力"，则需要在教学活动的设计上更加注重团队互动和合作的机会。例如，可以通过小组竞赛、合作任务等方式，促使学生在完成体育任务的同时，加强彼此之间的交流和协作。这种目标虽然难以通过传统的考试或技能测试直接度量，但可以通过观察学生在团队中的表现、互评或自评等方式来评估其协作和沟通能力的提升。

通过将这样具体且可度量的教学目标融入教学计划中，教师能够更有目的性地设计教学活动，确保每一项活动都能有效地贡献于目标的实现。同时，明确的教学目标也为学生提供了清晰的学习方向和动力，使他们能够在学习过程中有更明确的期待和目标，从而提高学习效率和成果。

（二）内容适宜

选择与学生水平和兴趣相匹配的教学内容是实现高质量体育教学的重要策略。这一过程中，教师的角色变得尤为重要，他们需要深入了解学生的个人背景，包括体育运动经验、兴趣爱好、身体健康状况等，以此为基础制定切实可行的教学计划。例如，对于那些刚刚接触体育运动或者身体条件尚未达到进行高强度训练条件的学生，教师应设计一些简单、安全的活动，如慢跑、瑜伽、基础体操等，这些活动不仅能帮助学生逐步建立体育锻炼的习惯，还能在保证安全的前提下增进身体健康。

同时，对于那些已经有一定体育基础，甚至在某些体育项目上具有特殊才能的学生，教师应设计更具挑战性和专业性的教学内容。例如，可以开设篮球、足球、羽毛球等球类项目的进阶训练课程，或者引入技巧性和竞技性较强的现代舞蹈、攀岩、滑板等运动，既满足这部分学生的兴趣和需求，又能进一步提升他们的体能和技能水平。

此外，教师还应考虑教学内容的多样性和创新性，引入一些新兴的体育运动项目或创新的教学方法，以提高课程的吸引力和参与度。例如，结合虚拟现实技术进行体育教学，让学生在虚拟环境中体验不同的体育运动；或者通过举办校园体育节、体育比赛等活动，增加学生之间的互动与竞争，激发他们对体育运动的热爱。

通过精心选择和设计教学内容，不仅可以确保每位学生根据自己的实际情况获得最适合的体育教育，还能极大地提升学生的学习积极性和课程满意度，从而促进他们在体育运动中实现自我超越和全面发展。

（三）时间分配合理

合理安排教学时间是体育教学过程中的一项关键任务，它直接影响到教学效率和学习成效。在设计体育教学计划时，教师需要细致考虑各个教学环节的时间安排，以确保每个环节都能得到适当的时间支持，从而使教学活动既丰富又高效。

首先，教师应在教学计划中明确划分理论学习和实践训练的时间比例。虽然体育教学重在实践，但适当的理论引导对于学生理解体育运动的科学原理和技能要领同样重要。教师可以根据教学内容的特点和学生的学习需求，灵活调整理论与实践的时间分配，确保学生既能充分掌握体育知识，又能通过足够的实践活动巩固和提升技能。

其次，对于技能训练部分，应根据不同的体育项目和学生的掌握程度，合理规划时间长度和训练强度。例如，对于技术要求较高的运动项目，可能需要更多的时间进行分解动作训练和组合练习；而对于一些基础性的体能训练，则可以适当减少时间，增加训练的多样性，以提高学生的兴趣和参与度。

再次，团队比赛和集体活动也是体育教学中不可或缺的一部分，它们有助于培养学生的团队合作精神和竞技精神。因此，教学计划中还应预留足够的时间用于组织此类活动，既可以作为学生技能训练的检验，也可以增强班级凝聚力和学生之间的友谊。

最后，教师还应注意教学计划的灵活性，根据实际教学进度和学生反馈适时调整时间分配。例如，对于学生掌握得较快的内容，可以适当缩短训练时间，将时间用于加强其他较为薄弱的部分；对于重要赛事或集体活动，也可适当调整教学计划，确保学生有足够的时间准备和参与。

通过精心设计和合理安排教学时间，可以有效提升体育教学的整体质量，帮助学生在有限的时间内达到最佳的学习效果，实现体育教学的目标和意义。

二、教学环境的优化

在高校体育教学中，优化教学环境是提高教学质量和学生学习体验的重要因素。教学环境不仅包括物理环境的安全和舒适性，还涉及教学氛围的积极性以及教学资源的充分利用。以下是针对教学环境优化的具体措施。

（一）安全保障

在高等教育机构中，对体育教学设施和环境的安全性进行保障是至关重要的任务，这直接关系到学生的身心健康以及教学质量。确保安全的步骤和措施需系统规划和严格执行，涵盖了从设施检查到风险预防的多个方面。

1. 定期安全检查

高校需要建立一套完整的体育设施安全检查体系，确保设施和环境的完好无损和符合使用标准。这包括但不限于：定期对运动器材进行维修和更换，确保器材无破损、锈蚀等问题；检查运动场地是否平坦无碍，无任何可能导致学生跌倒的障碍物；确保所有的安全标志清晰可见，紧急出口和救护通道畅通无阻。

2. 风险评估与教育

除了物理环境的安全保障外，教师还应进行细致的运动风险评估，根据不同的体育项目和学生的身体状况，提前识别可能的风险点并采取预防措施。同时，应加强对学生的安全教育，如规范操作方法、正确使用运动器材、紧急情况下的自我保护措施等，通过实际演练或模拟情景训练，让学生在心理上和技能上都做好准备，以减少意外伤害的发生。

3. 救护准备与紧急响应

教学设施的安全保障还包括完备的救护设施和紧急响应机制。高校应配备充足的急救包，包括消毒药品、绷带、冰袋等，并在显眼位置放置 AED

（自动体外除颤器）。同时，教师和相关工作人员应接受急救培训，确保在发生紧急情况时能够迅速、有效地提供初步救护，同时迅速联系校医院或急救中心，确保学生能够得到及时的医疗救助。

通过上述措施，不仅可以最大程度地保障学生在体育活动中的安全，还能够营造一个让学生和教师都感到放心的教学环境，从而提高体育教学的效果和质量。

（二）氛围营造

创建积极和鼓励的体育教学氛围，对于提升学生的学习动力和参与度至关重要。这种氛围不仅能够帮助学生在体育课程中获得更多的乐趣，还能够有效提高他们的学习效果。以下是一些实施策略：

1. 赞扬与鼓励

教师应当充分利用赞扬和鼓励的力量，对学生的每一个进步和努力给予积极的反馈。无论是技能上的微小提升还是团队合作中的积极参与，都应当被看见和表扬。这种肯定可以极大地提升学生的自信心，鼓励他们在学习过程中更加积极主动。

2. 尝试与创新

教师应鼓励学生勇于尝试新的运动项目或技能，即使面对失败也不应退缩。在体育教学中引入创新的教学方法和游戏化的学习活动，可以激发学生的创造力和解决问题的能力。通过创新体验，学生可以在享受乐趣的同时，培养对体育学习的浓厚兴趣。

3. 团队建设活动

组织团队建设活动是加强学生间交流合作的有效手段。通过团队竞赛、合作游戏等形式的活动，不仅可以提高学生的体能和技能，还能够增强他们的团队协作意识和社交能力。这些活动有助于打破个体间的隔阂，构建一个团结协作、相互支持的班级集体。

4. 创造包容的学习环境

在教学过程中，教师需要创造一个包容的学习环境，让所有学生无论能力如何都能感到自己是班级里重要的一部分。这意味着尊重每个学生的独特性，为不同水平和兴趣的学生提供适当的挑战和支持，确保每个学生都能在体育活动中找到自己的位置和价值。

通过上述方法，教师可以有效地创建一个积极、鼓励的体育教学氛围，这不仅能够促进学生的身心健康发展，还能够提高他们的社交技能和团队精神，为他们的全面成长奠定坚实的基础。

（三）资源整合

充分利用校内外体育资源，不仅能够丰富教学内容，还能为学生提供更加多元化的学习体验，从而有效提升教学质量。以下是一些实施策略：

1. 合作与资源共享

与本地体育组织、专业俱乐部及其他教育机构建立合作关系，可以为学生带来一系列新的学习机会和体验。例如，邀请专业运动员或教练来校举办讲座和技术指导，不仅可以提高学生的技术水平，还能激发他们对体育运动的热情和兴趣。此外，通过组织学生参加外部的体育赛事或观摩活动，能够让学生近距离接触体育精英，了解体育运动的最新动态，增强他们对体育文化的认识和尊重。

2. 利用社区资源

积极探索和利用校外体育资源，如社区体育中心、公园及专业体育场馆，可以为学生提供更加丰富的运动选择和体验场所。通过安排学生定期参与社区体育活动，不仅可以增强学生的体育技能，还能培养他们的社会参与意识和公民责任感。

3. 引入现代信息技术

利用现代信息技术，如在线视频教程、虚拟现实技术和移动应用程序，可以为学生提供更为丰富和生动的学习材料。例如，通过虚拟现实技术模拟不同的运动环境和场景，学生可以在虚拟空间中学习滑雪、潜水等运动，这种高度仿真的体验不仅能提高学习的趣味性，还能加深学生对运动技能的理解和掌握。同时，利用在线视频平台分享优质的体育课程和训练视频，可以让学生在课外自主学习，拓展学习资源，提高学习自主性。

通过这些策略的实施，高校可以有效地利用校内外的体育资源，为学生提供更为丰富多样的教学内容和学习机会。这不仅能够激发学生的学习兴趣，还能促进他们的身心健康发展，为他们的全面成长提供坚实的基础。

三、教学方法的创新与应用

在现代高校体育教学中，教学方法的创新与应用是提高教学效果和学生学习体验的关键。通过采用多样化的教学方法、运用现代教育技术以及加强实践教学，可以有效提升学生的学习动力和体育技能，促进学生的全面发展。

（一）方法多样化

在当今多元化的教育环境中，采用多样化的教学方法对于激发学生的学习兴趣和提升其参与度显得尤为重要。这种方法能够适应不同学生的学习风格和需求，从而提高教学的有效性和学生的学习满意度。示范教学、小组讨论、互动游戏、角色扮演等多种教学方式在体育教学中的运用，能够使学生在轻松愉悦的氛围中学习，同时增加了学习的趣味性和互动性。

例如，示范教学是体育教学中的基础，通过教师的示范，学生可以直观地学习到正确的运动技巧和动作要领，这对于初学者来说尤其重要。而小组讨论则鼓励学生之间的交流和合作，他们可以在讨论中分享彼此的观点和经验，共同寻找解决问题的策略，这不仅增加了学生之间的互动，还促进了思维的碰撞和创新。

互动游戏和角色扮演则更加强调学生的参与感和体验感。通过设定具体的游戏规则和情景，学生在参与过程中能够更加积极地运用所学知识和技能，同时在游戏的情境中体验合作与竞争，增强团队意识和社交能力。这种教学方法能够将枯燥的理论知识转化为生动有趣的实践活动，让学生在实际操作中加深理解和记忆。

在篮球战术的学习中运用小组讨论是一个典型例子。学生不仅可以通过观看比赛视频来学习专业球队的战术布置和球员的动作技巧，还可以在小组讨论中分享自己的观察和想法，相互学习，共同进步。在这一过程中，教师的角色转变为引导者和协调者，他们可以通过提出引导性的问题，鼓励学生深入思考和讨论，从而增强学生对篮球战术的理解和应用能力。

总之，多样化的教学方法不仅能够提高体育教学的趣味性和互动性，还能促进学生的全面发展，包括提升体能、增强心理素质、培养团队合作能力和社会适应能力。在这种教学模式下，学生能够在享受运动乐趣的同时，获得全面而深刻的学习体验。

（二）技术运用

在数字化时代背景下，现代教育技术的运用已成为高校体育教学创新的重要方向。视频分析技术、在线教学平台、移动学习应用等工具的应用不仅丰富了教学手段，还为提高教学效果和学生学习体验提供了新的途径。

视频分析技术在体育教学中的应用尤其突出，它允许教师和学生对运动技能执行的每一个细节进行捕捉和回放。这种技术可以用来分析学生在篮球投篮、足球踢球等技能执行中的动作，通过慢动作回放，教师能够指出学生动作中的不足之处，如手臂角度、腿部力量的使用等，并提供具体的改进建议。此外，视频分析还能用于比较学生技能执行前后的变化，直观展示学习进步，增强学生的学习动力和自信心。

在线教学平台和移动学习应用则为学生提供了更为灵活多样的学习方式。通过这些平台，学生可以随时随地接触到丰富的体育理论知识和技能教学视频，无论是在体育馆内还是在家中，都能进行自主学习和练习。这种学习方式特别适合那些因为时间或空间限制而难以参加传统体育课程的学生。在线平台上的互动功能，如论坛讨论、即时反馈等，还能促进学生之间的交流和提供教师的即时指导，构建起虚拟的体育学习社区。

此外，利用移动应用进行体育学习也是一种越来越受欢迎的方式。这些应用程序提供了包括运动计划制定、技能训练指导、健康管理等在内的多种功能，帮助学生更好地规划和执行他们的体育学习活动，同时也能够监测和记录学生的学习进度和体能变化，为学生提供个性化的学习建议。

综上所述，现代教育技术的应用为高校体育教学带来了前所未有的机遇。利用视频分析技术、在线教学平台、移动学习应用等工具，不仅能够提高教学的精准度和有效性，还能为学生创造更加灵活化、多样化的学习环境，从而促进学生的全面发展和终身体育学习的实现。

（三）实践结合

实践教学在体育教学中的作用不容小觑，它是体育教学中不可或缺的一部分。通过实践活动，学生能够将所学知识和技能运用到实际操作中，从而提高实践能力和体验感。因此，教师应设计丰富多彩的实践活动，如校园体育比赛、健身挑战、户外探险等，以满足学生的不同需求和兴趣。

校园体育比赛是一种非常受欢迎的实践活动，它可以激发学生的竞争意识和团队合作精神。通过参加比赛，学生不仅能够锻炼身体，提高身体素质，还能学习到如何制定策略、如何与队友合作等技能。此外，比赛还可以增强学生的自信心和自尊心，让他们在竞技中找到自己的优势和潜力。

健身挑战是另一种有效的实践活动，它可以帮助学生建立健康的生活习惯和积极的生活态度。通过参加健身挑战，学生可以学习到如何正确地进行运动、如何保持身体健康等知识。此外，健身挑战还可以激发学生的自我挑战意识和毅力，让他们在坚持中找到成就感和动力。

户外探险是一项充满刺激和冒险的实践活动，它可以让学生亲近自然，体验不同的户外运动。通过参加户外探险，学生可以学习到如何适应不同的环境和应对不同的挑战，提高他们的适应能力和应变能力。此外，户外探险还可以增强学生的团队合作精神和领导能力，让他们在探险中培养出坚韧和勇气。

除了以上提到的实践活动外，教师还可以设计其他形式的实践活动，如运动俱乐部、运动营等，以满足学生的不同需求和兴趣。通过这些实践活动，学生不仅能够加深对体育运动的理解，还能增强身体素质，提升自信心和社交能力。因此，教师应注重实践活动的开展，为学生提供更多的实践机会和体验，让他们在实践中成长和发展。

总之，教学方法的创新与应用对于提高高校体育教学的质量和效果至关重要。通过多样化的教学方法、现代教育技术的运用以及实践与理论的结合，可以更好地满足学生的学习需求，促进学生的全面发展，培养他们成为具有健康体魄和良好社会适应能力的现代人才。

四、学生评价与激励机制

在高校体育教学中，建立科学、合理的评价与激励机制至关重要。这不仅可以全面评价学生的体育表现，还能激发学生的学习热情，促进其全面发展。以下将从三个方面进行探讨。

（一）全面评价：建立多元化的评价体系，综合评价学生的表现

高校体育教学在培养学生的综合素质方面扮演着重要的角色，因此，建立一个多元化、全面的评价体系至关重要。这样的评价体系不仅要关注学生的体能、技能和理论知识，还要涵盖其他方面的表现，以更全面、客观地评价学生的体育素养。

首先，学生的体能、技能和理论知识是体育教学的基础，也是评价学生的基本依据。体能方面，可以通过定期的体能测试来评估学生的身体素质，如速度、力量、耐力等。技能方面，可以观察和评估学生在各项体育项目中的技术水平，如篮球、足球、游泳等。理论知识方面，可以通过考试或作业来检验学生对体育理论知识的掌握程度。

其次，学生在体育活动中的态度、合作精神和团队意识也是评价学生体育素养的重要方面。态度方面，可以观察学生在课堂上的积极参与程度、对训练和比赛的认真态度等。合作精神和团队意识方面，可以评估学生在团队项目中的协作能力、沟通能力和领导能力等。这些方面的评价可以帮助教师更全面地了解学生的体育素养。

　　最后，学生在体育竞赛、俱乐部活动、社会实践等方面的表现也应该纳入评价体系中。体育竞赛可以展示学生的竞技水平和比赛经验，俱乐部活动可以展示学生的兴趣爱好和特长，社会实践可以展示学生的社会责任感和公民素养。通过这些活动的参与和表现，可以更全面地评价学生的体育素养。

　　综上所述，高校体育教学应建立一个多元化、全面的评价体系，以更全面、客观地评价学生的体育素养。这样的评价体系可以激发学生的学习积极性，促进学生的全面发展，提高高校体育教学的质量和效果。

（二）正向激励：采用奖励和鼓励的方式，激发学生的学习热情

　　在高校体育教学中，教师要善于运用正向激励机制，以激发学生的学习热情和积极性。正向激励机制可以有效地激发学生的学习动力，促进其全面发展。以下将从两个方面进行探讨。

　　首先，教师可以通过设立奖学金、荣誉证书等方式，奖励在体育课程、竞赛、活动中表现突出的学生。这种奖励机制可以激发学生的竞争意识和进取心，让他们更加努力地投入体育学习和训练中。同时，奖学金和荣誉证书的设立也可以为其他学生树立榜样，激发他们向优秀学生看齐，努力提升自己的体育素养。此外，教师还可以组织一些特别的表彰活动，如优秀运动员表彰大会，让获奖学生在全校师生面前接受表彰，进一步激励他们的学习热情。

　　其次，教师应注重鼓励学生，关注其在体育学习过程中的进步，并及时给予表扬和肯定。每个学生都有自己的优点和特长，教师要善于发现和挖掘学生的潜力，及时给予肯定和鼓励。当学生在体育课程中取得进步时，教师要给予表扬，让他们感受到自己的成长和进步。同时，教师还可以在课堂上进行一些小竞赛或团队活动，鼓励学生积极参与，展示自己的才华和能力。通过这种鼓励和肯定，学生可以增强自信心，更加积极主动地参与到体育学习中。

　　综上所述，在高校体育教学中，教师要善于运用正向激励机制，激发学生的学习热情。通过设立奖学金、荣誉证书等方式奖励表现突出的学生，以

及注重鼓励学生、关注其进步并及时给予表扬和肯定，可以有效地激发学生的学习动力，促进其全面发展。教师要在教学实践中不断探索和完善正向激励机制，为提高高校体育教学质量贡献力量。

（三）反馈及时：提供即时、具体的反馈，帮助学生及时改进

在高校体育教学中，教师应及时提供反馈，以帮助学生发现自身不足，及时进行调整和改进。这样的反馈机制对于促进学生的成长和发展至关重要。以下将从三个方面进行探讨。

首先，教师要在课堂上关注学生的表现，针对其存在的问题，给予具体、有针对性的指导。在体育课程中，学生可能会遇到各种技术和动作上的困难，教师要及时发现并指出这些问题，为学生提供正确的示范和指导。同时，教师还要关注学生的学习态度和参与程度，及时给予表扬和鼓励，激发学生的学习热情。通过这种针对性的指导，学生可以更好地理解和掌握体育知识和技能。

其次，教师要在课后及时与学生沟通，了解其在体育学习中的需求和困难，为其提供个性化的建议和帮助。每个学生都有自己的特点和需求，教师要通过与学生的沟通，了解他们的学习情况和心理状态，为他们提供个性化的指导和建议。例如，有些学生可能对某些体育项目特别感兴趣，教师可以鼓励他们参加相关的俱乐部或社团，提供更多的实践机会和挑战。同时，教师还可以根据学生的反馈，及时调整教学内容和方法，从而更好地满足学生的需求。

最后，教师还可以通过线上平台、问卷调查等方式，收集学生的意见和建议，不断优化教学方法和手段。随着科技的发展，线上平台和问卷调查成为一种便捷有效的收集反馈的方式。教师可以利用这些工具，定期收集学生对体育教学的意见和建议，了解他们对课程内容、教学方法、教学资源等方面的需求和期望。通过对这些反馈信息的分析和总结，教师可以及时调整和改进教学方法和手段，提高教学质量和效果。在高校体育教学中，教师应及时提供反馈，帮助学生发现自身不足，及时进行调整和改进。通过在课堂上

关注学生的表现，课后与学生沟通，以及通过线上平台、问卷调查等方式收集学生的意见和建议，教师可以更好地了解学生的需求，提供个性化的指导和建议，不断优化教学方法和手段，为提高高校体育教学质量贡献力量。

总之，在高校体育教学中，建立全面、多元化的评价体系，运用正向激励机制，提供及时、具体的反馈，有助于激发学生的学习热情，促进其全面发展。教师要在教学实践中不断探索和完善评价与激励机制，为提高高校体育教学质量贡献力量。

五、教师角色的转变与发展

在高校体育教学中，教师角色的转变与发展对于提高教学质量和效果至关重要。教师应从传统的知识传递者转变为学习的引导者和参与者，以适应不断变化的教育需求。以下将从三个方面进行探讨。

（一）角色认识：从知识传递者转变为学习引导者和参与者

在高校体育教学中，教师不仅仅是传授体育知识和技能，更重要的是引导学生主动参与学习，培养他们的自主学习能力和创新思维。因此，教师应重新审视自己的角色，从传统的知识传递者转变为学习的引导者和参与者。

首先，教师应鼓励学生积极参与课堂讨论和实践活动。在课堂上，教师可以提出问题、引导学生思考，激发他们的学习兴趣和动力。同时，教师还应组织丰富多样的实践活动，如体育比赛、健身挑战等，让学生在实践中掌握体育知识和技能。通过这些活动，教师可以引导学生主动参与，培养他们的自主学习能力和创新思维。

其次，教师应提供个性化的指导和支持。每个学生都有自己的特点和需求，教师要根据学生的实际情况，提供有针对性的指导。例如，对于技术较差的学生，教师可以耐心指导、反复示范，帮助他们掌握技术要领；对于有潜力的学生，教师可以鼓励他们参加更高水平的比赛和训练，提高他们的竞技水平。此外，教师还要关注学生的心理状态，及时给予鼓励和支持，帮助他们克服困难和挫折。

最后，教师还应与学生一起参与体育活动，以身作则，树立榜样。教师的言行举止对学生具有重要的影响，教师要以积极的态度参与体育活动，展示出对体育的热爱和执着。这样，教师不仅能够引导学生树立正确的体育观念和价值观，还能够激发学生的学习热情，让他们在体育学习中找到乐趣和成就感。

总之，在高校体育教学中，教师应重新审视自己的角色，从传统的知识传递者转变为学习的引导者和参与者。通过鼓励学生积极参与课堂讨论和实践活动，提供个性化的指导和支持，以及与学生一起参与体育活动，教师可以激发学生的学习兴趣和动力，培养他们的自主学习能力和创新思维，为提高高校体育教学质量贡献力量。

（二）持续发展：教师需不断学习新知识、新技能，提高专业水平

在高校体育教学中，教师应不断学习新知识、新技能，提高自己的专业水平和教学能力。随着体育科学的不断发展，新的教学理念、方法和手段不断涌现，教师应积极跟进并掌握这些新知识和技术。

首先，教师可以参加专业培训、研讨会和学术交流活动，与其他教师分享经验和教学心得，不断拓宽自己的视野和知识面。这些活动可以为教师提供学习新知识和技能的机会，了解体育科学的前沿动态和发展趋势。通过与同行的交流和讨论，教师可以借鉴他人的教学方法和经验，不断提升自己的教学能力。此外，教师还可以参与学术研究，进行教学实验和改革，探索更有效的教学方法，为学生提供更好的教育环境和服务。

其次，教师还可以利用现代教育技术，如多媒体教学、在线学习平台等，丰富教学内容和手段，提高教学的趣味性和互动性。多媒体教学可以通过图像、音频和视频等多种形式展示体育知识和技能，使教学内容更加生动形象，提高学生的学习兴趣和参与度。在线学习平台可以提供灵活的学习方式和资源，学生可以根据自己的时间和进度进行学习，教师也可以通过平台与学生进行实时的交流和互动，提供个性化的指导和支持。此外，教师还可以利用虚拟现实、增强现实等技术，为学生提供更真实、沉浸式的体育学习体验，

激发他们的学习热情和动力。

　　总之，在高校体育教学中，教师应不断学习新知识、新技能，提高自己的专业水平和教学能力。通过参加专业培训、研讨会和学术交流活动，教师可以拓宽视野，了解体育科学的发展动态。同时，利用现代教育技术，如多媒体教学、在线学习平台等，教师可以丰富教学内容和手段，提高教学的趣味性和互动性。教师的学习和发展是提高高校体育教学质量的关键，也是促进学生全面发展的基础。

（三）互动协作：加强与学生、同事之间的互动与协作，共同推动教学改革

　　在高校体育教学中，教师应加强与学生、同事之间的互动与协作，共同推动教学改革。这种互动与协作不仅能够促进教师与学生之间的良好关系，还能够推动教学质量的提升和教育的创新。

　　首先，教师应主动与学生建立良好的师生关系。教师应该倾听学生的意见和建议，关注他们的需求和困难，并提供个性化的指导和支持。通过与学生建立积极的互动，教师可以更好地了解学生的特点和潜力，从而更好地满足他们的学习需求。教师可以定期与学生进行交流，开展小组讨论或一对一会谈，鼓励学生分享自己的想法和困惑，给予他们积极的反馈和建议。这种个性化的指导和支持能够激发学生的学习动力，促进他们的个人成长和发展。

　　其次，教师应与其他教师进行合作，共同研究和探讨教学问题，分享教学资源和经验，形成教学团队，共同推动教学改革和创新。教师之间的合作可以促进教学方法和策略的交流与共享，提高教学效果。教师可以定期组织教学研讨会或工作坊，共同讨论教学中的挑战和问题，分享彼此的教学经验和成功案例。通过这种合作，教师可以相互学习和借鉴，不断提升自己的教学能力。此外，教师还可以共同开展教学研究项目，探索新的教学理念和方法，推动教学改革的实施。

　　通过加强与学生、同事之间的互动与协作，教师可以不断提高自己的教学能力，为学生提供更好的教育环境和服务。这种互动与协作能够促进教师

与学生之间的良好关系，推动教学质量的提升和教育的创新。教师应积极投入到与学生和同事的互动中，共同努力，为高校体育教学的发展贡献力量。

综上所述，在高校体育教学中，教师应从知识传递者转变为学习引导者和参与者，不断学习新知识、新技能，提高专业水平，并加强与学生、同事之间的互动与协作，共同推动教学改革。教师角色的转变与发展是提高高校体育教学质量的关键，也是促进学生全面发展的基础。

第四章　现代高校体育有效学习与有效教学

在当前的教育环境中，高校体育教学面临着多方面的挑战。一方面，随着学生体质下降和健康问题的增加，体育教学的重要性日益凸显；另一方面，如何激发学生对体育活动的兴趣，提高其参与度，成为体育教师需要解决的问题。在这样的背景下，有效学习理论的引入，为提升体育教学质量和效果提供了新的视角和方法。

第一节　体育的有效学习理论

有效学习理论强调学习过程的主动性、互动性和情境性，主张通过构建意义丰富的学习环境，促进学生的深度学习和长期记忆。在体育教学中，这意味着教师需要从学生的兴趣和需求出发，设计具有挑战性和趣味性的活动，鼓励学生积极参与，通过实践和体验达到学习目标。此外，有效学习理论还强调反馈的重要性，即通过及时、具体的反馈帮助学生认识到自己的进步和不足，从而调整学习策略，实现持续改进和发展。

一、有效学习理论的基本概念

（一）有效学习理论的内涵与背景

有效学习理论，源自心理学和教育学的研究，旨在揭示学习过程中促进理解和记忆的关键因素。这一理论的核心在于认为学习不仅是知识的简单传递和接受，更是学习者主动构建知识、技能和态度的过程。有效学习发生在学习者积极参与、深度处理信息，并在此基础上建立长期记忆的情境中。

有效学习理论强调了学习者的主动性和参与度在学习过程中的重要性。学习者不仅仅是被动地接受知识，而是通过积极参与和主动思考来构建自己的理解和知识体系。这种主动构建的过程涉及学习者对信息的深度处理，包括对信息的思考、分析和应用。学习者通过将新知识与已有知识进行联系，通过解决实际问题来加深对知识的理解和记忆。这种深度处理信息的方式有助于学习者更好地吸收和理解知识，并能够将知识应用到实际情境中。

此外，有效学习理论还强调了长期记忆的重要性。学习并不仅仅是为了短期地记忆和应对考试，而是为了能够长期保持和应用所学的知识和技能。学习者通过积极构建和深度处理信息，将知识转化为长期记忆，从而能够在需要时进行回忆和应用。这种长期记忆的形成需要学习者的积极参与和不断地复习巩固。学习者通过反复练习、不断使用和思考所学的知识和技能，可以加强记忆的稳定性，并能够灵活运用到不同的情境中。

有效学习理论还指出了学习环境的重要性。一个积极、支持和激励的学习环境有助于学习者的主动参与和深度处理信息。教师应该创造一个开放、互动和富有挑战性的学习环境，鼓励学习者提出问题、分享想法和进行合作学习。同时，教师还应该提供适当的反馈和指导，帮助学习者纠正错误、加深理解和提高学习效果。通过创造良好的学习环境，学习者能够更好地发展自己的学习能力和思维方式。

（二）有效学习理论的关键要素

有效学习理论的关键要素包括主动参与、深度加工、情境学习、合作学习和自我调节学习等。这些要素共同构成了一个全面的学习过程，旨在促进学生的理解和记忆，并培养其自主学习的能力。

主动参与强调学习者在学习过程中的主体地位，鼓励学生通过探索、实践和讨论等方式深入学习。这种参与不仅仅是被动地接受知识，而是积极地参与到学习活动中，通过实际操作和互动来构建知识。例如，教师可以设计一些实验、项目或案例研究，让学生亲自参与其中，通过实践来加深其对知识的理解和应用。通过主动参与，学生能够更好地发展自己的思考能力、解决问题的能力和创新能力。

深度加工指的是学习者通过分析、批判和综合等认知过程，加深对知识的理解。这种加工不仅仅是记忆和重复信息，而是对信息进行深入的思考和分析，形成自己的见解和观点。教师可以通过提出问题、引导讨论或布置思考作业等方式，激发学生的思维活力，促进他们对知识的深度加工。通过深度加工，学生能够更好地理解和掌握知识，提高学习的效果和深度。

情境学习则强调将学习嵌入真实或模拟的环境中，以增强学习的相关性和应用价值。通过将学习内容与实际情境相结合，学生能够更好地理解知识的应用和意义。例如，教师可以组织学生参观实地、进行角色扮演或模拟实验等活动，让学生在真实的情境中学习和应用知识。情境学习能够激发学生的兴趣和动力，促进学习的深入和持久。

合作学习鼓励学生在小组互助中学习，通过交流和讨论促进彼此的理解和进步。在合作学习中，学生可以相互分享知识、交流想法和解决问题，通过合作实现共同的目标。教师可以组织小组讨论、项目合作或团队竞赛等活动，促进学生之间的合作学习。通过合作学习，学生能够培养团队合作能力、沟通能力和共享知识的能力。

自我调节学习则关注学生自我监控学习过程、调整学习策略的能力。学生能够根据自己的学习目标和情况，制定合适的学习计划和方法，监控自己的学习进度和效果，并根据需要进行调整。教师可以通过提供学习资源、指导学习方法和培养学习习惯等方式，帮助学生发展自我调节学习能力。通过自我调节学习，学生能够更好地管理自己的学习，提高学习的效果和效率。

综上所述，有效学习理论的关键要素包括主动参与、深度加工、情境学习、合作学习和自我调节学习等。这些要素相互关联，共同构成了一个全面的学习过程。通过注重这些要素，教师能够促进学生的理解和记忆，并培养其自主学习的能力。

（三）有效学习理论在体育教学中的应用价值

在体育教学中应用有效学习理论具有重要的价值。首先，它可以通过提供丰富多样的学习活动，激发学生的学习兴趣，提高学习动力。有效学习理论强调了学习者的主动参与和深度加工，这可以通过设计各种体育活动和练习来实现。教师可以根据学生的兴趣和需求，设计不同类型的体育游戏、竞赛和团队活动，让学生在参与中感受到乐趣和挑战，从而提高他们对体育学习的兴趣和动力。通过丰富多样的学习活动，学生能够更加积极主动地参与到体育教学中，提高学习的效果和参与度。

其次，通过情境学习，将体育知识和技能的学习放在具体的运动场景中，可以增强学生的学习体验和知识应用能力。情境学习可以使学生更好地理解体育知识和技能的实际应用，提高他们的运动能力和应变能力。例如，教师可以组织学生参加校内外体育比赛、运动会或体育节等活动，让学生在真实的比赛场景中应用所学的体育知识和技能。情境学习可以提供给学生更多的实践机会和挑战，使他们在实践中学习和成长。

最后，合作学习和自我调节学习的引入，可以培养学生的团队合作精神、沟通能力和自主学习能力，为学生终身体育活动的参与打下良好基础。合作学习可以促进学生之间的互动和交流，培养他们的团队合作能力和社交能力。教师可以组织学生进行小组练习、团队合作项目或体育俱乐部活动，让学生在合作中共同学习和成长。自我调节学习可以培养学生的自主学习能力和自我管理能力，使他们能够独立地进行体育学习和训练。通过合作学习和自我调节学习，学生能够发展出良好的学习习惯和自我驱动能力，为终身体育活动的参与打下坚实基础。

总之，有效学习理论为高校体育教学提供了一个促进学生全面发展、提高教学效果的理论框架和实践指导。通过注重主动参与、深度加工、情境学习、合作学习和自我调节学习等要素，教师能够激发学生的学习兴趣和动力，增强学生的体育知识和技能的应用能力，培养学生的团队合作精神和自主学习能力。有效学习理论的应用可以使体育教学更加生动、有趣和富有成效，为学生提供更好的学习体验和发展机会。

二、有效学习动机的激发

学习动机是推动学生积极参与学习过程、探索知识和技能的内在驱动力。在体育教学中，激发学生的学习动机是提高教学效果、促进学生全面发展的关键因素。学习动机理论，如自我决定理论、目标定向理论等，为理解和激发学生的学习动机提供了理论基础。

（一）学习动机理论简介

1. 自我决定理论

自我决定理论认为，人们的行为是由内在动机和外在动机共同驱动的，而内在动机（如兴趣、好奇心）对学习具有更持久和深远的影响。自我决定理论强调了人们的自主性和自我驱动性在学习中的重要性。当学生对自己的学习有更多的控制权和选择权时，他们会感到更有动力和参与感。教师可以通过为学生提供选择学习内容、学习方式的机会，激发学生的内在动机。例如，教师可以让学生选择他们感兴趣的体育项目进行深入学习，或者让学生参与设计和组织体育活动，从而提高他们的学习积极性和自我驱动性。

2. 目标定向理论

目标定向理论强调，学生的学习动机受到其目标定向的影响，分为掌握目标定向（专注于学习和理解）和表现目标定向（专注于展示能力和比较优越性）。掌握目标定向的学生更关注于个人的成长和进步，他们希望通过学习来提高自己的能力和知识水平。而表现目标定向的学生则更关注于与他人比较和展示自己的能力，他们希望通过优秀的表现来获得他人的认可和赞扬。教师可以通过设定不同的学习目标和评估方式，来引导学生形成掌握目标定向。例如，教师可以强调学生的进步和努力，而不仅仅是成绩和比较，从而激发学生更注重个人成长和学习动机。

综上所述，自我决定理论和目标定向理论都强调了学习动机的重要性，并为教师提供了指导学生学习的理论依据。通过理解学生的内在动机和目标定向，教师可以设计适合学生的教学策略和方法，从而提高学生的学习动机和参与度。

（二）有效学习的方法和策略

1. 学习目标的设定

在体育教学中设定清晰、具体且可达成的短期和长期目标，可以帮助学生明确学习方向，增加学习的针对性和意义。短期目标可以是掌握一项新的运动技能、改善某项体能指标或参与一次体育比赛等，而长期目标可能是提高整体健康水平、培养良好的运动习惯或达到一定的竞技水平等。通过设定这些目标，学生可以更清晰地了解自己的学习目的和期望，从而更加有动力和方向去进行学习。

2. 反馈与奖励机制

及时、具体的反馈可以帮助学生了解自己的进步和不足，而合理的奖励机制（如表扬、奖品、职位）则能增强学生的成就感，提高其学习积极性。教师应该及时给予学生反馈，指出他们的优点和需要改进的地方，帮助学生了解自己的学习情况。同时，教师还可以通过奖励机制来激励学生，例如，对于取得进步的学生可以给予表扬和鼓励，对于表现出色的学生可以颁发奖品或提供参加更高级别比赛的机会。这种奖励机制可以增强学生的自信心和动力，激发他们更加努力地学习和进步。

综上所述，设定目标和建立反馈与奖励机制是提高体育教学效果的重要方法和策略。通过设定明确的目标，学生可以更好地明确学习方向和目标，增加学习的针对性和意义。而及时、具体的反馈和合理的奖励机制可以增强学生的成就感和学习积极性，激发他们更加努力地学习和进步。教师应该灵活运用这些方法和策略，根据学生的实际情况和需求进行个性化的教学设计，以提高学生的学习效果和兴趣。

（三）有效学习动机在体育教学中的实践

在某高校体育课程中，教师采用了目标设定和自我挑战的策略，让学生在每学期初设定个人运动技能的提升目标，并在学期末进行自我评估。这种策略鼓励学生主动参与学习过程，培养他们的自主性和自我管理能力。教师会引导学生根据自己的兴趣和能力，设定具体的、可衡量的、可实现的、相关性强的和时限性的目标（SMART原则）。例如，学生可能会设定目标如提高跑步速度、增强力量或提高篮球技巧等。在学期末，学生需要对自己的目标完成情况进行自我评估，反思学习过程，总结经验教训，并为下一学期的学习制定新的目标。

同时，教师为学生提供了丰富的反馈渠道，如视频分析、同伴评价等，帮助学生准确了解自己的表现和进步。视频分析允许学生通过回放自己的运动表现来识别技术上的不足和错误。这种可视化的反馈方式能够帮助学生更直观地理解自己的运动技能，并提供改进的方向。同伴评价则鼓励学生之间相互观察和评价，通过他人的视角来发现自己的优点和需要改进的地方。这种相互学习的方式可以促进学生之间的交流和合作，提高他们的社交技能。

此外，教师还引入了小组竞赛和展示活动，通过团队合作和公开表演的方式，提高学生的参与度和学习动机。小组竞赛可以激发学生的竞争意识，让他们在团队中发挥自己的优势，与他人协作，共同为团队的目标努力。这种团队合作的经历可以培养学生的团队精神、沟通能力和领导能力。公开表演则提供了一个展示自己运动技能的平台，让学生有机会在他人面前展示自己的成果，增强他们的自信心和自我表达能力。

通过这些策略的实施，教师能够激发学生的内在动机，促进他们的自主学习和发展。学生不仅能够在体育技能上取得进步，还能够培养出良好的学习习惯和自我管理能力，为他们的终身学习和健康生活方式奠定坚实的基础。

通过这些策略的应用，学生不仅在体育技能上取得了明显进步，他们的学习动机和团队合作能力也得到了显著提升。这表明，通过有效的方法和策略激发学习动机，可以极大地提高体育教学的效果，促进学生的全面发展。

三、认知发展与技能习得

在体育教学中，认知发展和技能习得是密切相关的。认知理论的应用不仅有助于理解学生学习体育技能的心理机制，而且为制定有效的教学策略提供了理论支撑。通过了解学生的认知发展阶段和技能习得过程，教师可以采取更加有针对性和有效的教学方法，从而促进学生认知能力的提升和技能的掌握。

（一）认知理论在体育学习中的应用

认知理论，如信息处理理论和社会认知理论，强调学习是一个信息加工的过程，涉及知识的接收、处理和存储。在体育学习中，这意味着教师需要设计教学活动，以促进学生对体育技能和知识的有效理解和内化。

信息处理理论指出，学习者的大脑是一个信息加工的系统，它接收外部信息，通过一系列的认知过程对其进行处理，然后存储在记忆中。在体育学习中，这意味着教师需要帮助学生理解并内化体育技能和知识。教师可以通过示范、讲解和反复练习等教学活动，帮助学生更好地理解技能的执行过程，提高技能习得的效率。

示范是体育教学中常用的一种教学方法，教师通过展示正确的技能执行过程，帮助学生建立对技能的初步认识。讲解则是教师通过口头语言向学生解释技能的要点和注意事项，帮助学生更好地理解技能的执行过程。反复练习则是通过多次重复练习，使学生对技能的执行过程更加熟练，从而提高技能习得的效率。

社会认知理论则强调了观察学习的重要性。该理论认为，学习者可以通过观察他人的行为和结果来学习新的技能和知识。在体育学习中，这意味着教师可以通过组织学生观看视频、现场示范或同伴练习等方式，让学生观察他人的技能执行过程，从而提高自己的技能水平。

此外，模拟比赛也是体育教学中常用的一种教学方法。通过模拟比赛，教师可以让学生在实际比赛环境中练习和应用所学的技能，提高技能的实用性和适应性。同时，模拟比赛还可以帮助学生培养比赛经验和应对比赛压力的能力。

总之，在体育教学中，教师需要设计教学活动，以促进学生对体育技能和知识的有效理解和内化。通过示范、讲解、反复练习、观察学习和模拟比赛等教学活动，教师可以帮助学生更好地理解技能的执行过程，提高技能习得的效率。

（二）不同技能习得阶段的教学方法

技能习得通常要经历三个阶段：认知阶段、联结阶段和自动化阶段。这三个阶段构成了一个连续的过程，每个阶段都有其特定的教学方法和目标。

在认知阶段，学生初次接触技能，需要明确了解技能的基本要素和执行步骤。这个阶段的目标是帮助学生建立对技能的正确理解和认识。教师应采用直观的教学方法，如示范和解释，让学生通过观察和听讲来理解技能的细节。示范是教师展示技能的正确执行方式，解释则是教师用语言描述技能的关键点。通过示范和解释，学生可以对技能有一个初步的认识，为后续的练习打下基础。

在联结阶段，学生通过练习逐渐减少错误，提高技能的准确性。这个阶段的目标是帮助学生将技能的各个要素联系起来，形成正确的运动模式。教师应强调练习和反馈的重要性。练习是学生通过反复实践来熟悉技能的过程，反馈则是教师对学生的练习进行评价和指导。通过大量的练习和及时的反馈，学生可以发现并纠正自己的错误，逐步提高技能的准确性。

在自动化阶段，学生可以不经过大量思考直接准确执行技能。这个阶段的目标是帮助学生形成稳定的技能执行模式，提高技能的熟练度和流畅度。教师应注重变式训练和实战应用。变式训练是教师通过改变技能的执行条件或要求，让学生在不同的情境下练习技能。实战应用则是将技能应用到实际的比赛或情境中，让学生在实际应用中提高技能的实用性和适应性。通过变式训练和实战应用，学生可以更加熟练和自信地执行技能，为后续的学习和发展打下坚实的基础。

综上所述，技能习得是一个逐步发展的过程，教师应根据不同阶段的特点和目标，采用相应的教学方法。通过直观的示范和解释、大量的练习和反馈以及变式训练和实战应用，教师可以帮助学生有效地习得和提高技能。

（三）提升认知能力和技能习得的教学策略

提升学生的认知能力和技能习得在高校体育教学中占有极其重要的地位。以下教学策略旨在通过多样化的方法促进学生在这两个方面全面发展：

1. 分步教学

分步教学法依托于将复杂的技能细化为易于理解和掌握的小步骤，逐步引导学生从简单到复杂地掌握整个技能。这种方法的优势在于能够减少学生在学习过程中的认知负荷，使学生能够在每个阶段集中注意力，专注于掌握特定的技能部分。例如，在教授排球发球技能时，教师可以将其分解为站位、握球、摆臂和击球等步骤，分别教授并进行针对性练习，直至学生能够流畅地完成整个发球动作。

2. 情境学习

情境学习强调在接近真实或完全模拟的环境中进行学习，这有助于学生更好地将所学技能与实际情境联系起来，提高学习的实际应用能力。通过情境学习，学生不仅能学习技能，还能理解技能在实际运动中的应用价值和意义。例如，通过模拟比赛的方式，让学生在类似真实比赛的情境中应用所学的篮球战术，增强学习的针对性和有效性。

3. 认知策略训练

认知策略训练旨在提升学生的思考方式和记忆效率，如通过教授内部可视化技巧，帮助学生在心中构建动作的完整图像，从而加深对技能的理解；通过自我提问策略，激发学生的主动探索精神，促使他们思考技能背后的原理和适用情境。这些策略能够帮助学生在学习过程中建立起更加深刻和持久的记忆。

4. 同伴学习和反馈

同伴学习和反馈机制鼓励学生之间进行互相教学和经验分享，这种互助学习的方式能够促进学生之间积极交流，增加学习的社会化维度。在体育教学中，学生可以通过观察同伴的表现，给予正向的反馈和建议，促进彼此的技能提升。同时，这一过程也有助于增强学生的社交能力和团队协作精神，为学生提供一个更加广阔和多元化的学习环境。

通过上述教学策略的应用，体育教学不仅能够有效提升学生的认知能力和技能掌握水平，还能激发学生的学习热情，促进其全面发展。这些策略的成功实施需要教师具备灵活运用教学资源和方法的能力，以及对学生个体差异和需求的深入理解。

四、社会互动与学习

（一）社会学习理论与体育教学

社会学习理论认为，个体的学习不仅通过直接经验获得，更多的是通过观察他人的行为及其后果来获得。这种理论强调了观察学习的重要性，即个体通过观察他人的行为和结果来学习新的技能和知识。在体育教学中，这意味着学生可以通过观察教师的示范、同伴的练习和反馈来学习新的运动技能和策略。

观察学习在体育教学中的应用非常广泛。学生可以通过观察教师的示范来学习新的运动技能。教师作为榜样，通过展示正确的技能执行过程，帮助学生建立对技能的初步认识。这种示范教学可以让学生对技能有一个直观的认识，了解技能的关键要素和执行步骤。

同伴的练习也是观察学习的重要途径。学生可以通过观察同伴在体育活动中的实际操作，了解技能的执行过程和应用方式。这种同伴学习可以提供更多的实践机会和情境，让学生在观察中学习并模仿同伴的技能。例如，在篮球教学中，一个学生可能通过观察同伴在比赛中的有效防守动作，学习并模仿这些技能，从而提高自己的防守能力。

反馈也是观察学习的重要环节。学生可以通过观察他人的反馈来了解技能的执行效果和需要改进的地方。这种反馈可以是教师的评价，也可以是同伴的观察和建议。通过他人的反馈，学生可以了解自己的技能执行情况，发现自己的优点和不足，从而进行针对性的改进和提高。

总之，社会学习理论在体育教学中的应用非常重要。学生可以通过观察教师的示范、同伴的练习和反馈来学习新的运动技能和策略。这种观察学习方法不仅可以帮助学生建立对技能的认识，还可以提供更多的实践机会和情境，帮助学生进行模仿和应用。教师应该充分利用观察学习的方法，引导学生进行有效的学习，提高学生的体育技能和水平。

（二）团队合作与社会互动的重要性

团队合作在体育教学中不仅有助于技能的学习，还促进了社会能力的发展，如沟通、协作和领导能力。通过团队运动，学生学习如何与他人共同工作，达成共同目标，这对于他们的个人和职业生涯都是至关重要的。

在体育教学中，团队合作是一种有效的教学方式，它能够帮助学生学习如何在团队中协作，培养他们的沟通和协作能力。通过参与团队运动，学生需要学会与队友沟通，分享信息，协调动作，共同完成任务。这种合作经验能够帮助学生建立良好的沟通技巧，提高他们的团队协作能力。

此外，团队活动还提供了处理冲突、发展同理心和培养社会责任感的机会，这些都是社会互动中不可或缺的元素。在团队中，学生需要学会处理与队友之间的分歧和矛盾，通过有效的沟通和协商来解决问题。这种处理冲突的能力对于他们未来的职业生涯和个人发展都是非常重要的。

同理心是指能够理解和感受他人的情感和经历，这是建立良好人际关系和社会互动的基础。通过团队活动，学生能够学会站在他人的角度思考问题，发展同理心。这种同理心能够帮助他们更好地与他人相处，建立良好的人际关系。

社会责任感是指个人对社会和他人的责任和义务。通过参与团队活动，学生能够认识到自己在团队中的角色和责任，培养社会责任感。这种责任感能够激励他们积极参与社会活动，为社会和谐和进步做出贡献。

（三）促进有效社会互动的教学方法

为了促进有效的社会互动，体育教师可以采用以下教学方法：

1. 小组讨论与合作学习

通过小组讨论和合作学习的形式，学生可以在完成任务的过程中相互交流思想和策略，增强团队合作能力。教师可以设计一些需要团队合作完成的项目或任务，如团队运动比赛、合作完成体育动作等。在小组讨论中，教师鼓励学生分享自己的观点和经验，倾听他人的意见，共同解决问题。这种合作学习能够培养学生的团队协作能力，提高他们的沟通和协作技巧。

2. 角色扮演和情景模拟

这些活动可以帮助学生体验不同的社会角色和情境，提高他们的社交技能和适应能力。教师可以设置一些模拟情境，如模拟比赛、模拟教练等，让学生扮演不同的角色，体验不同的社会互动。通过角色扮演和情景模拟，学生能够学习如何根据不同的情境和角色进行有效的沟通和合作，提高他们的社交技能和适应能力。

3. 同伴教学

鼓励学生互相教学，不仅可以加深他们对运动技能的理解和掌握，还能促进学生之间的社会互动和沟通。教师可以组织学生之间的互教互学活动，如学生之间互相教授运动技巧、互相纠正动作等。通过同伴教学，学生能够相互学习、相互帮助，提高他们的运动技能，同时也能够促进学生之间的交流和合作。

4. 反馈与正向强化

提供积极的反馈和正向强化可以增强学生的自信心和参与感，促进积极的社会互动。教师应该及时给予学生反馈，指出他们的优点和需要改进的地方，帮助学生了解自己的学习情况。同时，教师还可以通过奖励机制来激励学生，例如，对于取得进步的学生可以给予表扬和鼓励，对于表现出色的学生可以颁发奖品或提供参加更高级别比赛的机会。这种奖励机制可以增强学生的自信心和动力，激发他们更加努力地学习和进步。

5. 团队建设活动

组织一些专门的团队建设活动，如信任跌落、团队接力等，可以增强团队精神和成员间的信任。这些活动可以帮助学生建立信任、沟通和合作，提高团队凝聚力。通过参与团队建设活动，学生能够在实践中学习和体验团队合作的重要性，培养团队精神和协作能力。

综上所述，体育教师可以采用小组讨论与合作学习、角色扮演和情景模拟、同伴教学、反馈与正向强化以及团队建设活动等教学方法，促进学生之间的社会互动和沟通，培养他们的团队合作能力和社交技能。通过这些教学方法的应用，教师能够为学生创造一个积极、互动和合作的学习环境，帮助他们全面发展社会能力，为未来的个人和职业生涯做好准备。

五、反思与自我调整

在高校体育教学中，反思与自我调整是促进学生持续成长和提高学习效率的关键因素。这一部分将详细探讨反思学习理论的基本概念，自我评估和反思在提高学习效率方面的作用以及教师在引导学生自我反思过程中的重要角色。

（一）反思学习理论简介

反思学习理论认为学习是一个涉及思考自己学习经验和过程的主动行为。它强调通过回顾和评估自己的行为、思考和感受，个体能够对其学习经历产生深刻的理解，从而促进个人的成长和发展。在体育教学中，反思能够帮助学生识别自己在运动技能学习和团队合作等方面的优势和不足，为未来的学习提供方向。

反思学习理论认为，学习不仅仅是简单地接收和记忆信息，更重要的是通过主动地思考和反思来理解和内化知识。在体育教学中，这意味着学生需要通过反思自己的运动技能学习和团队合作经验，来提高自己的学习效果和能力。

反思可以帮助学生识别自己在运动技能学习和团队合作方面的优势和不足。通过回顾自己的学习过程，学生可以发现自己做得好的地方，也可以发现自己需要改进的地方。例如，学生可以通过反思自己在篮球比赛中的表现，了解自己在进攻和防守方面的优势和不足，从而为未来的学习和训练提供方向。

此外，反思还可以帮助学生评估自己在团队合作方面的表现。通过思考自己在团队中的角色和贡献，学生可以了解自己在团队合作中的优势和不足，从而提高自己的团队合作能力。例如，学生可以通过反思自己在足球比赛中的表现，了解自己在团队合作中的优点和需要改进的地方，从而为未来的团队合作提供方向。

总之，反思学习理论在体育教学中的应用非常重要。通过反思自己的学习经验和过程，学生可以更好地理解自己的学习方式和能力，从而提高自己的学习效果和能力。教师应该鼓励学生进行反思，提供支持和指导，帮助他们识别自己的优势和不足，为未来的学习提供方向。通过反思学习，学生可以更好地发展自己的运动技能和团队合作能力，为未来的个人和职业生涯做好准备。

（二）自我评估和反思在提高学习效率方面的作用

自我评估和反思是学习过程中的重要环节，它们能够促使学生主动参与到学习过程中，培养他们的自主学习能力。通过自我评估和反思，学生可以更好地了解自己的学习需求和目标，制定合适的学习计划和方法。这种自主学习能力对于学生的长期发展和终身学习都是非常重要的。

此外，自我评估和反思还能够帮助学生建立起对自己学习成果的认识。学生可以通过自我评估来评估自己在学习过程中的表现，了解自己的优点和不足，从而更好地了解自己的学习成果。这种自我认识能够帮助学生明确学习目标，激发他们的学习动力和兴趣。

在体育教学中，自我评估和反思能够激发学生对运动技能掌握程度的深入思考。学生可以通过自我评估来思考自己在运动技能方面的掌握程度，识别在体育活动中的表现和需要改进的地方。这种深入思考能够帮助学生发现自己的不足，制定针对性的改进计划，从而提高学习效率和运动技能。

总之，自我评估和反思在学习过程中起着至关重要的作用。它们不仅促使学生主动参与到学习过程中，还能帮助他们建立起对自己学习成果的认识，明确学习目标。在体育教学中，自我评估和反思能够激发学生对运动技能掌握程度的深入思考，识别在体育活动中的表现和需要改进的地方，从而提高学习效率和运动技能。教师应该鼓励学生进行自我评估和反思，提供必要的支持和指导，帮助他们更好地认识自己，提高学习效果和能力。

（三）教师在引导学生自我反思过程中的角色

教师在引导学生进行自我反思中扮演着至关重要的角色。教师不仅需要提供适时的反馈，还要教授学生如何进行有效的自我评估和反思。这包括：

1. 提供反思指导

教师可以提供具体的反思问题或框架，帮助学生系统地思考自己的学习过程和成果。例如，教师可以提供一些反思问题，如"你在这次练习中有什么收获？""你在团队合作中遇到了哪些挑战？""你认为自己的哪些方面需要改进？"等。通过这些问题，学生可以更有针对性地思考自己的学习过程和成果，从而提高自我评估和反思的效果。

2. 建立反思文化

在课堂上创造一个开放、支持的环境，鼓励学生分享自己的反思和学习经验。教师可以组织一些小组讨论或同伴分享的活动，让学生有机会分享自己的反思和学习经验。这种开放和支持的环境可以让学生感到更加自信和舒适，从而更加积极地进行自我反思和分享。

3. 示范反思过程

教师通过示范，展示如何进行有效的反思，包括如何识别问题、如何分析原因以及如何制定改进策略。教师可以分享自己的教学经验，展示如何进行自我评估和反思。通过教师的示范，学生可以学习到反思的步骤和方法，从而更加有效地进行自我反思。

4. 鼓励持续反思

引导学生认识到反思是一个持续的过程，鼓励他们在日常的体育活动中定期进行自我评估和反思。教师可以定期组织一些反思活动，如周记、学习日志等，让学生有机会记录和反思自己的学习过程。通过持续的反思，学生可以更好地了解自己的学习进展，及时发现问题并进行改进。

通过以上方式，教师能够有效地引导学生进行自我反思，促使学生对自己的学习过程有更深刻的理解，提高学习自主性和自我调节能力。这不仅有助于学生在体育领域的成长，也为他们的终身学习和个人发展奠定了坚实的基础。教师应该注重培养学生的自我反思能力，鼓励他们积极参与到学习过程中，不断提高自己的学习效果和能力。

六、技术与创新在体育学习中的应用

（一）教育技术在体育教学中的作用

随着信息技术的迅猛发展，教育技术已成为体育教学中不可或缺的一部分。从视频分析软件到在线学习平台，这些技术工具能够帮助教师更有效地传达体育知识，提高学生的学习动力和参与度。

视频分析软件是一种强大的教育技术工具，它可以帮助学生清晰地看到自己的动作细节。通过慢动作视频分析技术，学生可以观察自己的动作过程，发现并纠正动作中的错误。这种可视化的学习方式能够帮助学生更好地理解和掌握技能。此外，视频分析软件还可以为学生提供个性化的反馈和建议，帮助他们制定针对性的改进计划。

在线学习平台则为学生提供了灵活的学习时间和空间。通过在线学习平台，学生可以根据自己的时间和进度进行学习，不再受到时间和地点的限制。这种灵活性使学生能够更好地平衡学习和生活，提高学习效率。在线学习平台还提供了丰富的学习资源和互动工具，如视频教程、讨论区、在线测试等，使学习更加生动有趣。

除了视频分析软件和在线学习平台外，还有其他教育技术工具可以帮助教师提高教学效果。例如，运动传感器可以实时监测学生的运动数据，帮助教师了解学生的运动表现和进步。虚拟现实技术则可以为学生提供一个模拟的运动环境，让他们在虚拟情境中练习和应用技能。这些技术工具的运用可以使体育教学更加现代化、个性化和高效。

（二）创新教学工具和资源

随着教育技术的飞速发展，高校体育教学正经历着一场革命。创新教学工具和资源，如虚拟现实（VR）、增强现实（AR）技术、移动应用等，正在重新定义传统体育教学的范畴和方法。这些技术不仅丰富了教学内容，还提升了教学的互动性和参与感，为学生创造了全新的学习体验。

虚拟现实技术使得学生能够身临其境地体验各种体育活动，无论是滑雪、篮球，还是其他运动项目，学生都能在虚拟环境中安全地学习和练习。这种技术不仅能够模拟真实的运动环境，还能提供即时反馈和指导，帮助学生更快地掌握技能。例如，在虚拟滑雪训练中，学生能够实时看到自己的滑行姿势和路线选择，及时调整动作，加深理解和记忆。

增强现实技术则通过在现实世界中叠加虚拟信息，为学生提供更为丰富的学习材料。比如在学习篮球投篮技能时，AR技术可以在学生的视野中显示最佳投篮轨迹和力量控制提示，帮助学生更准确地理解和执行技能。这种技术的应用不仅增加了学习的互动性，还能提高学习的效率和准确性。

移动应用程序的广泛应用，则让体育学习突破了时间和空间的限制。通过手机或平板电脑，学生可以随时随地访问学习资源，进行个性化训练。这些应用程序通常包含丰富的视频教程、互动训练计划和实时反馈系统，使学生能够根据自己的进度和需求调整学习计划。此外，许多应用还提供社交功能，允许学生分享自己的训练成果，与同伴互相激励和竞争，增强了学习的动力和乐趣。

这些创新工具和资源的应用，大大提高了体育教学的趣味性和效率。它们不仅为学生提供了更安全、更个性化的学习环境，还拓宽了学生的视野，使他们能够接触和学习更多元化的体育项目。随着技术的不断进步和教育理念的深化，未来的体育教学将会更加丰富多彩，更能满足学生的学习需求和偏好。

（三）未来体育教学的发展趋势

随着技术的不断进步和教育理念的更新，未来体育教学将呈现出以下几个发展趋势：

1. 更加个性化和定制化

利用大数据和人工智能技术，教学内容和训练计划将更加个性化，以满足不同学生的需求和偏好。教师将能够根据学生的身体素质、运动能力、学习进度和兴趣偏好，通过大数据分析和人工智能算法，为学生提供定制化的教学内容和训练计划。这种个性化的教学方式将有助于提高学生的学习效果和运动技能。

2. 更广泛的技术集成

除了当前使用的技术外，未来体育教学将融入更多新兴技术，如物联网（IoT）、可穿戴设备等，为学生提供更全面的学习体验。物联网技术可以实现体育设施和设备的智能化管理，提供实时数据和反馈。可穿戴设备可以实时监测学生的运动数据，如心率、步数、运动强度等，帮助学生了解自己的运动表现和进步。这些新兴技术的应用将使体育教学更加现代化、精准化和高效化。

3. 更强的互动性和社区感

在线社区和虚拟体育赛事将成为体育教学的一部分，不仅提高了学生的参与感，还能建立起强大的学习社区，促进学生之间的交流和合作。在线社区可以为学生提供一个交流和分享的平台，让他们分享自己的学习心得、经验和技巧。虚拟体育赛事则可以组织学生参与线上比赛，培养他们的竞技精神和团队协作能力。这些互动性和社区感的提升将有助于激发学生的学习兴趣和动力，培养他们的社交技能和团队合作能力。

总之，未来体育教学将呈现出更加的个性化和定制化、更广泛的技术集成以及更强的互动性和社区感等发展趋势。随着技术的不断进步和教育理念的更新，体育教学将更加现代化、智能化和高效化，为学生提供更好的学习体验和发展机会。教师应关注这些发展趋势，积极融入新兴技术，创新教学方法，为学生的全面发展提供更好的支持。

第二节　体育有效学习的内在机制

体育学习在高校教育中占据了重要的位置，它不仅是提升学生身体素质的有效途径，还对促进学生的心理健康、社交能力和团队合作精神发挥着至关重要的作用。然而，体育学习的复杂性在于它既包含技能的掌握，也涉及知识的理解、情感的培养以及价值观的塑造。这些元素的综合性要求我们深入探索体育有效学习的内在机制，以期为学生提供更为科学、有效的学习路径。

一、有效学习的认知机制

在体育教学中，认知机制的理解和应用是提高学习效率的关键。认知理论，作为心理学的一个分支，研究个体如何处理信息、获取知识并通过这些知识影响其行为。在体育学习中，认知理论的应用有助于解释学生如何通过观察、实践和反馈来掌握体育技能。

（一）知识编码和存储过程

首先，知识编码和存储过程是体育学习的基础。学生通过观察教师的示范或同伴的表现，将观察到的技能转化为自己的认知结构，这一过程称为知识编码。编码后的信息随后被存储在学生的短期记忆或长期记忆中。为了确保技能可以长期保持和随时调用，体育教学中的重复练习至关重要，它帮助学生将技能从短期记忆转移到长期记忆中。

在体育学习中，知识编码是一个关键的步骤。学生通过观察教师的示范或同伴的表现，将观察到的技能转化为自己的认知结构。这一过程涉及学生对技能的理解和内化，将外在的信息转化为内在的知识。教师可以通过清晰的示范和详细的讲解，帮助学生正确地进行知识编码。

一旦技能被编码，它需要被存储在记忆中。短期记忆容量有限，只能保持信息一段时间。为了确保技能可以长期保持和随时调用，需要将技能从短期记忆转移到长期记忆中。长期记忆具有几乎无限的容量，可以长时间存储信息。重复练习是实现这一转移的关键。

重复练习可以帮助学生巩固技能，使其从短期记忆转移到长期记忆中。通过反复练习，学生可以加深对技能的理解和掌握，形成稳定的运动模式。重复练习还可以帮助学生提高技能的准确性和流畅性，使其在实际应用中更加自如。

此外，重复练习还可以帮助学生建立肌肉记忆。肌肉记忆是指通过重复练习，技能的执行变得自动化，不需要经过大脑的深思熟虑。这种自动化可以提高技能的执行效率和准确性，使学生在比赛中能够更加专注和应对突发情况。

总结起来，知识编码和存储过程是体育学习的基础。学生通过观察教师的示范或同伴的表现，将观察到的技能转化为自己的认知结构。重复练习对于确保技能长期保持和随时调用至关重要，它帮助将技能从短期记忆转移到长期记忆中。教师应该重视重复练习在体育教学中的应用，通过合理安排练习时间和方法，帮助学生巩固技能，提高学习效果。

（二）注意力、感知与记忆在体育技能学习中的作用

注意力、感知与记忆在体育技能学习中扮演着至关重要的角色。注意力是学习过程中不可或缺的元素，它决定了学生能够从环境中获取多少信息。在体育教学中，教师需要通过各种方法吸引学生的注意力，如使用生动的示范、变化教学内容或提供即时反馈等。

注意力在体育技能学习中起着关键的作用。学生需要集中注意力才能从环境中获取和处理相关信息。教师可以通过使用生动的示范来吸引学生的注意力。生动的示范能够让学生更加直观地了解技能的执行过程，提高他们的

学习兴趣和参与度。此外，教师还可以通过变化教学内容或提供即时反馈等方式来吸引学生的注意力。变化教学内容可以防止学生产生厌倦感，保持学习的兴趣和动力。即时反馈可以帮助学生了解自己的学习情况，及时调整和改进。

感知能力使学生能够理解和解释这些信息，而记忆则是学生存储和回忆技能的基础。通过有效的教学策略，如分解技能教学、使用视觉和听觉辅助材料等，可以加强学生的感知和记忆，从而提高技能学习的效率。

分解技能教学是一种有效的教学策略，它将复杂的技能分解成简单的步骤，帮助学生更好地理解和掌握技能。通过分解技能教学，学生可以逐步学习技能的各个部分，逐步构建完整的技能。这种教学方法可以降低学习的难度，提高学生的学习效果。

使用视觉和听觉辅助材料也是一种有效的教学策略。视觉辅助材料如图片、图表和视频等可以帮助学生更好地理解技能的执行过程和关键要点。听觉辅助材料如音频讲解和音乐等可以帮助学生更好地掌握技能的节奏。通过使用视觉和听觉辅助材料，教师可以增强学生的感知和记忆，提高技能学习的效率。

总之，注意力、感知与记忆在体育技能学习中起着至关重要的作用。教师需要通过各种方法吸引学生的注意力，如使用生动的示范、变化教学内容或提供即时反馈等。通过有效的教学策略，如分解技能教学和使用视觉和听觉辅助材料等，可以加强学生的感知和记忆，从而提高技能学习的效率。教师应该注重培养学生的注意力、感知和记忆能力，为他们提供良好的学习环境和资源，帮助他们更好地学习和掌握体育技能。

二、动机与情感机制

动机与情感机制在体育学习中占据着举足轻重的位置，它们直接影响学生的学习效果和参与程度。理解这些机制如何在体育教学中发挥作用，对于设计有效的教学策略至关重要。

（一）学习动机对体育学习效果的影响

学习动机是推动学生参与体育活动和持续学习的内在力量。高度的学习动机可以激发学生克服学习中的困难，主动寻求解决方法，从而提高学习效果。体育教师可以通过设定合理的学习目标、提供积极的反馈和认可、创建具有挑战性的学习环境等方式，增强学生的学习动机。

设定合理的学习目标对于增强学生的学习动机至关重要。目标应该是具体、可实现的，并与学生的兴趣和能力相匹配。教师可以根据学生的水平和需求设定短期和长期目标，让学生明确知道他们要达到的目标，并为之努力。目标的设定可以激发学生的积极性和动力，使他们更有方向进行学习和训练。

提供积极的反馈和认可也是增强学生学习动机的重要手段。教师应该及时给予学生反馈，指出他们的进步和成就，并给予认可和鼓励。积极的反馈可以增强学生的自信心和动力，让他们感受到自己的成长和进步，从而更加积极地参与学习和训练。

创建具有挑战性的学习环境也是增强学生学习动机的重要方式。教师应该设计具有挑战性的练习和活动，让学生在克服困难的过程中提高自己的能力。挑战性的学习环境可以激发学生的竞争意识和进取心，使他们更加主动地寻求解决方法，提高学习效果。

此外，教师还可以通过组织比赛和活动，激发学生的学习动机。比赛和活动可以提供学生展示自己能力的平台，增加学习的趣味性和刺激性。学生通过参与比赛和活动，可以感受到学习的成就感和荣誉感，从而更加积极地参与学习和训练。

总之，学习动机是推动学生参与体育活动和持续学习的内在力量。体育教师可以通过设定合理的学习目标、提供积极的反馈和认可、创建具有挑战性的学习环境等方式，增强学生的学习动机。通过激发学生的内在动力，教师可以帮助他们克服学习中的困难，提高学习效果，培养他们的体育技能和兴趣。

（二）情感态度和学习兴趣的培养

情感态度和学习兴趣对学生的学习投入程度有显著影响。积极的情感态度和高涨的学习兴趣可以增强学生对体育活动的喜爱，促进其主动参与和探索。教师应努力营造愉悦的学习氛围，利用学生感兴趣的体育项目作为教学内容，定期组织有趣的体育比赛或活动，以此培养学生的学习兴趣和正面情感。

教师在营造愉悦的学习氛围方面起着关键的作用。教师的态度和行为可以影响学生的情感和态度。教师应该以积极、热情和关爱的态度对待学生，创造一个充满活力和乐趣的学习环境。教师可以通过使用幽默、鼓励和支持性的语言，让学生感到放松和愉悦。此外，教师还可以通过组织小组活动和游戏，增强课堂的互动性和趣味性，使学生能够在轻松愉快的氛围中学习和锻炼。

利用学生感兴趣的体育项目作为教学内容也是培养学习兴趣和正面情感的重要方法。教师可以根据学生的兴趣和偏好选择教学内容，让学生在感兴趣的体育项目中学习和锻炼。这种方法可以激发学生的学习热情和参与度，使他们在学习和锻炼中更加主动和积极。教师可以通过引入不同类型的体育项目，如篮球、足球、舞蹈、瑜伽等，满足不同学生的兴趣和需求。

定期组织有趣的体育比赛或活动也是培养学生的学习兴趣和正面情感的有效方式。比赛和活动可以增加学习的趣味性和刺激性，激发学生的竞争意识和团队精神。教师可以根据学生的年龄和能力组织不同形式的比赛和活动，如班级比赛、校际比赛或体育节等。这些活动可以为学生提供展示自己能力的平台，增加学习的成就感和荣誉感。

（三）成就动机和自我效能感在体育学习中的重要性

成就动机和自我效能感在体育学习中同样发挥着至关重要的作用。成就动机是学生追求成功和避免失败的心理倾向，而自我效能感则是个体对自己完成特定任务的能力的信念。两者相结合，可以显著提高学生的学习动力和持久性。成就动机是学生对成功的渴望和对失败的担忧。在体育学习中，成就动机可以激发学生努力训练和提高技能，以达到更高的成就。为了提高学生的成就动机，教师应该设定适度的挑战，让学生在努力中感受到成功的喜悦。适度的挑战可以让学生感到既有压力又有动力，促使他们积极面对挑战，不断进步。

自我效能感是学生对自己完成特定任务的能力的信念。高自我效能感的学生相信自己能够克服困难，取得成功。为了提高学生的自我效能感，教师应该认可学生的进步，并提供成功体验。认可学生的进步可以增强他们的自信心，让他们相信自己能够不断成长和提高。提供成功体验则可以帮助学生在实践中验证自己的能力，进一步强化自我效能感。

此外，教师还应该鼓励学生设定个人目标，并为实现这些目标制订具体的计划。通过设定目标，学生可以明确自己的学习方向和努力方向。同时，教师应该引导学生进行自我监控，评估自己的学习进展，并根据需要调整学习策略。自我监控可以帮助学生更好地了解自己的学习情况，提高学习效率。

综上所述，成就动机和自我效能感在体育学习中发挥着重要作用。教师可以通过设定适度的挑战、认可学生的进步、提供成功体验等方法，提升学生的成就动机和自我效能感。同时，教师还应该引导学生设定目标、进行自我监控，以鼓励他们在学习中不断进步和超越自我。通过激发学生的内在动力，教师可以帮助他们在体育学习中取得更好的成绩，培养他们的体育兴趣和终身锻炼的习惯。

三、社会互动机制

社会互动机制在高校体育教学中起着至关重要的作用，它通过不同形式的人际互动，极大地影响着学生的学习过程和效果。社会学习理论强调观察、模仿和模拟他人的行为在学习过程中的重要性，指出人们在社会互动中学习新的行为模式和技能。

（一）师生互动和同伴学习的影响

首先，社会学习理论的实施可以通过师生互动和同伴学习来实现。在体育教学中，教师不仅是知识的传递者，更是学生学习的榜样。通过展示正确的运动技能、态度和价值观，教师可以有效地引导学生学习和模仿。

师生互动是社会学习理论中的一个重要环节。教师在体育教学中的行为和态度会对学生产生深远的影响。教师应该以积极、热情和关爱的态度对待学生，为学生树立良好的榜样。通过展示正确的运动技能、态度和价值观，教师可以引导学生学习和模仿。教师应该注重学生的个体差异，提供个性化的指导和支持，帮助学生克服困难，取得进步。

同伴学习则提供了一个平等的学习环境，学生可以相互观察、讨论和练习，通过社会互动加深对技能的理解和掌握。同伴学习可以促进学生之间的交流和合作，培养他们的团队精神和沟通能力。学生可以通过观察同伴的练习和表现，相互学习和借鉴。同伴之间的讨论和反馈可以帮助学生发现自己的不足，并提供改进的方向。通过同伴学习，学生可以在平等的环境中共同进步，培养良好的学习习惯和团队合作能力。

这种互动不仅促进了技能的习得，还增强了学生之间的社会联系和团队精神。体育教学中的社会互动可以促进学生之间的友谊和互助，培养他们的社交技能和团队合作能力。学生通过共同学习和锻炼，建立起紧密的联系和相互信任，形成强大的学习团队。这种团队精神可以延伸到学生的日常生活和未来的职业生涯中，为他们提供宝贵的社会资本和人际关系。

（二）团队合作和竞争对学习效果的促进作用

团队合作和竞争在体育学习中具有不可替代的促进作用。团队合作要求学生共同协作，实现共同的目标，在这个过程中，学生不仅能够学习到如何有效地沟通和协调，还能够培养责任感和集体荣誉感。

团队合作是体育学习中的重要组成部分，它要求学生共同协作，实现共同的目标。在团队合作中，学生需要学会有效地沟通和协调，以便更好地合作和完成任务。有效的沟通和协调可以帮助学生更好地理解彼此的想法和需求，从而更好地合作和完成任务。此外，团队合作还能够培养学生的责任感和集体荣誉感。学生需要对自己的任务和责任负责，并为团队的共同目标努力。这种责任感和集体荣誉感可以延伸到学生的日常生活和未来的职业生涯中，为他们提供宝贵的社会资本和人际关系。

竞争则是激发学生积极性和提高学习动力的有效手段，合理的竞争能够激励学生挑战自我，追求卓越。竞争可以激发学生的内在动力，使他们在学习和锻炼中更加主动和积极。通过竞争，学生可以挑战自己的极限，不断提高自己的能力和水平。

在这一过程中，教师应当引导学生正确看待竞争，学会在竞争中尊重对手，公平公正地比赛。教师应该教育学生认识到竞争是一种学习和成长的机会，而不是一种对抗和敌对的关系。学生应该学会尊重对手，理解他们的优点和努力，并以公平和公正的方式进行比赛。通过正确的竞争态度，学生可以培养良好的体育精神和道德品质，为他们的未来发展奠定坚实的基础。

总之，团队合作和竞争在体育学习中具有不可替代的促进作用。团队合作可以培养学生的沟通和协调能力以及责任感和集体荣誉感。竞争则可以激发学生的积极性和学习动力，使他们在挑战中追求卓越。通过团队合作和竞争的结合，教师可以帮助学生在体育学习中取得更好的成绩，培养他们的体育兴趣和终身锻炼的习惯。

社会互动机制通过师生互动、同伴学习以及团队合作和竞争等多种形式，深刻影响着学生的体育学习过程。有效的社会互动不仅能够促进学生技能的快速习得，还能够培养学生的社会能力和团队精神，为学生的全面发展提供支持。因此，在高校体育教学中合理应用社会互动机制，对提高教学质量和效果具有重要意义。

四、反馈与调整机制

反馈与调整机制在高校体育教学中扮演着核心角色，它不仅是教学过程的重要组成部分，也是促进学生学习和进步的关键因素。通过有效的反馈，学生能够明确自己的学习成果和不足，从而进行针对性的调整和改进。

（一）反馈在学习过程中的功能

首先，反馈在学习过程中的功能主要体现在其能够为学生提供关于他们表现的具体信息，帮助他们了解自己在学习过程中的位置。这种信息反馈可以是关于技能掌握的正确性、运动表现的质量，或是对规则理解的准确性等方面。通过接收这些反馈，学生能够对自己的学习过程进行监控和评估，明确下一步的学习目标和改进方向。

反馈在学习过程中的作用是至关重要的。它为学生提供了一种关于自己表现的评估工具，使他们对自己在学习过程中的表现有一个清晰的认识。反馈可以来自教师、同伴或是自我评估的结果。教师可以通过观察学生的技能执行过程，提供具体的指导和建议。同伴可以通过相互观察和讨论，提供不同的视角和反馈。自我评估则是学生通过反思自己的表现，发现自己的优点和不足。

反馈的内容可以是多样化的。它不仅可以包括技能掌握的正确性，还可以包括运动表现的质量，或是对规则理解的准确性等方面。这些反馈可以帮助学生全面了解自己的学习情况，发现自己哪些方面做得好，哪些方面需要改进。

通过接收这些反馈，学生能够对自己的学习过程进行监控和评估。他们可以明确自己的学习目标和改进方向，制定出具体的行动计划。学生可以通过对比反馈和自己的期望，了解自己的进步和差距，从而调整学习方法和策略。

（二）教师反馈与自我调整的重要性

教师反馈与学生自我调整的重要性不容忽视。教师的反馈应当及时、具体且富有建设性，这不仅能够增强学生的学习动力，还能帮助学生发现问题并鼓励他们自主寻求解决方案。同时，教师还需要培养学生的自我评估能力，使他们能够自主地进行学习反思和自我调整。这种自主性的培养对于学生形成终身学习的能力至关重要。

教师的反馈是学生学习过程中不可或缺的一部分。及时的反馈可以帮助学生及时了解自己的学习状况，发现自己的优点和不足。具体且富有建设性的反馈可以为学生提供明确的改进方向，帮助他们在学习中不断进步。教师在提供反馈时，应该注意用词和态度，避免使用批评和否定的语言，应该以鼓励和支持为主，帮助学生建立自信和动力。

除了教师的反馈外，学生自我调整的能力也非常重要。教师应该培养学生自主学习的能力，使他们能够自我评估和调整学习策略。学生应该学会监控自己的学习过程，发现自己的问题，并主动寻求解决方案。这种自主性的培养不仅能够提高学生的学习效果，还能够帮助他们在未来的学习和生活中形成终身学习的能力。

为了培养学生的自我评估能力，教师可以提供一些具体的指导和方法。例如，教师可以引导学生进行学习日志的记录，让学生记录自己的学习过程、体会和反思。教师还可以组织学生进行小组讨论，让学生分享自己的学习经验和反思，相互学习和借鉴。此外，教师还可以提供一些自我评估的工具和资源，帮助学生进行自我评估和调整。

（三）正向反馈与建设性批评的平衡

正向反馈是教学过程中的一种重要手段，它能够提升学生的自信心和满足感。当学生取得进步或成功时，教师给予的正向反馈可以鼓励他们继续保持良好表现。这种积极的反馈可以帮助学生建立自信，增强他们克服困难的勇气和动力。正向反馈可以采取多种形式，如口头表扬、鼓励的话语、积极的评价等。这些反馈方式能够激发学生的内在动机，使他们更加主动地参与学习和锻炼。

然而，仅仅依赖正向反馈是不够的。建设性批评同样重要。建设性批评指出了学生的不足和改进空间，促使他们努力克服困难。在体育学习中，学生难免会遇到挫折和困难。建设性批评可以帮助学生认识到自己的不足，并提供改进的方向。教师在提供建设性批评时，应该注意方式和时机，以避免伤害学生的自尊心和积极性。教师可以采用私下交流的方式，以关心的态度指出学生的不足，并提供具体的改进建议。

教师需要根据学生的具体情况和心理承受能力，恰当地运用正向反馈和建设性批评。在不同的教学阶段，教师可以灵活调整两种反馈方式的比例，以适应学生的需求和心理状态。例如，在学生刚开始学习新技能时，教师可以更多地给予正向反馈，以鼓励他们建立信心；当学生逐渐熟练掌握技能时，教师可以适当地引入建设性批评，以帮助他们进一步提高。

总之，正向反馈与建设性批评的平衡对于维持教学效果和学生积极性同样重要。正向反馈可以提升学生的自信心和满足感，鼓励他们继续保持良好表现；而建设性批评则可以指出学生的不足和改进空间，促使他们努力克服困难。教师需要根据学生的具体情况和心理承受能力，恰当地运用两种反馈方式，既激发学生的积极性，又促进他们持续进步。教师应该注重培养学生的自主学习能力，提供必要的支持和指导，帮助他们更好地了解自己的学习状况，提高学习效果。

五、习得与转移机制

在高校体育教学中，习得与转移机制是帮助学生将学习到的技能应用到新环境和不同情境中的关键。这一机制不仅涉及技能的掌握过程，也关注如何使这些技能在学生的日常生活和其他体育活动中得到有效运用。

（一）技能习得的阶段理论

技能习得的阶段理论提出了技能学习过程中的几个关键阶段：在最初的认识阶段，学生开始理解技能的基本概念和要求；在练习阶段，通过重复练习逐步提高技能的准确性和流畅性；在自动化阶段，学生能够在较小的认知负荷下执行技能。了解这一理论有助于教师设计合理的教学活动，引导学生逐步掌握和应用体育技能。

在认识阶段，学生开始接触和学习体育技能的基本概念和要求。在这个阶段，教师应该重点关注学生对技能的理解和认识。教师可以通过直观的示范、详细的讲解和互动式的教学活动，帮助学生建立对技能的基本认识。例如，在篮球教学中，教师可以通过示范和讲解，让学生了解篮球的基本规则、运球和投篮的技巧等。

接下来是练习阶段，在这个阶段，学生通过重复练习逐步提高技能的准确性和流畅性。重复练习是技能习得的关键，教师应该为学生提供充足的练习机会，帮助他们巩固和提高技能。教师可以通过组织不同的练习活动，如分组练习、个人挑战等，让学生在实践中不断提高技能的准确性和流畅性。例如，在篮球教学中，教师可以组织学生进行运球和投篮的练习，通过反复练习，提高学生的技能水平。

最后是自动化阶段，在这个阶段，学生能够在较少的认知负荷下执行技能。达到自动化阶段意味着学生已经能够熟练地执行技能，不再需要过多的思考和注意。教师应该通过提供更高难度的挑战和实际应用的机会，帮助学生达到自动化阶段。例如，在篮球教学中，教师可以组织学生参加比赛，让学生在实际比赛中运用所学的技能。

了解技能习得的阶段理论有助于教师设计合理的教学活动，引导学生逐步掌握和应用体育技能。教师应该根据学生的实际情况和技能水平，合理安排教学内容和教学活动，确保学生在每个阶段都能够得到有效的学习和锻炼。通过引导学生逐步完成各个阶段的学习，教师可以帮助他们更好地掌握和应用体育技能，提高他们的体育素养和运动能力。

（二）学习到的技能在不同环境中的转移和应用

学习到的技能在不同环境中的转移和应用强调学生应能将在体育课上学到的技能，如团队合作、策略运用等，应用到日常生活、学习和工作中去。这种技能的转移和应用不仅丰富了学生的体验，也促进了个人综合能力的提升。

体育课上的技能，如团队合作、策略运用等，是非常重要的学习成果。这些技能不仅适用于体育领域，还可以应用到其他领域。例如，学生在篮球比赛中学到的协作和策略规划能力，可以转移到小组项目的管理和执行中。在小组项目中，学生需要与团队成员协作，共同完成项目目标。他们可以运用在篮球比赛中学到的团队合作和策略规划能力，有效地组织和管理团队，提高项目成功的可能性。

此外，在体育课上学到的技能还可以应用到学生的日常学习和生活中去。例如，学生在体育课上学到的解决问题的能力、自律和坚持等，可以帮助他们在学习中更好地应对挑战和困难。在遇到困难时，他们可以运用这些技能来寻找解决方案，克服障碍，取得更好的学习成果。

在未来的工作中，学生也可以将体育课上学到的技能应用到职场中。例如，团队合作和沟通技巧在职场中非常重要。学生可以运用在体育课上学到的团队合作和沟通技巧，与同事协作，共同完成工作任务。此外，策略规划能力、解决问题的能力等，也是职场中不可或缺的技能。学生可以运用这些技能，有效地应对职场中的各种挑战和问题。

总之，学习到的技能在不同环境中的转移和应用对学生的发展具有重要意义。教师应该鼓励学生将体育课上学到的技能，如团队合作、策略运用等，应用到日常生活、学习和工作中去。这种技能转移不仅丰富了学生的体验，也促进了个人综合能力的提升。教师可以通过设置相关的教学活动和情境，引导学生进行技能的转移和应用，培养他们的综合能力，为他们的未来发展奠定坚实的基础。

（三）加强学习转移的教学策略

加强学习转移的教学策略包括创建多样化的学习情境、强化理论与实践的结合、提供跨领域的学习项目等。教师可以通过模拟真实场景的练习、引入案例分析、组织跨学科的体育活动，帮助学生将学到的技能应用到新的环境中。此外，鼓励学生反思学习经历，识别技能如何在不同情境下转移和适应，也是促进学习转移的有效方法。

创建多样化的学习情境是加强学习转移的关键。教师可以通过模拟真实场景的练习，让学生在类似实际环境的情境中学习和应用技能。例如，在篮球教学中，教师可以模拟一场真实的篮球比赛，让学生在比赛中应用所学的团队合作和策略规划能力。这种模拟真实场景的练习可以帮助学生更好地理解技能的实际应用，提高他们的学习效果。

强化理论与实践的结合也是加强学习转移的有效策略。教师应该将理论与实践相结合，让学生在理论学习的基础上进行实践应用。例如，在教授篮球规则时，教师可以组织学生进行篮球比赛，让学生在实际比赛中理解和应用所学的规则。这种理论与实践的结合可以帮助学生更好地理解理论知识的实际意义，提高他们的学习效果。

提供跨领域的学习项目可以促进学生将学到的技能应用到不同领域。教师可以组织跨学科的体育活动，让学生在不同的学科和领域中学习和应用技能。例如，教师可以组织一场篮球比赛，让学生在比赛中应用所学的团队合作和策略规划能力，同时也涉及数学（如统计数据）、科学（如运动生理学）等领域。这种跨领域的学习项目可以帮助学生更好地理解技能的实际应用，提高他们的学习效果。

此外，鼓励学生反思学习经历，识别技能如何在不同情境下转移和适应，也是促进学习转移的有效方法。教师可以引导学生进行反思，思考体育课上学到的技能如何在其他领域中应用。学生可以通过写学习日志、进行小组讨论或进行自我评估等方式，反思自己的学习经历，识别技能在不同情境下的转移和适应。这种反思可以帮助学生更好地理解技能的实际应用，提高他们的学习效果。

六、生理机制

在高校体育教学中，理解生理机制对促进学生学习和身心健康具有重要意义。近年来的研究揭示了身体锻炼不仅对学生的体质健康有益，而且对大脑功能和学习能力也有显著的正面影响。

（一）身体锻炼对大脑功能和学习能力的影响

身体锻炼对大脑功能和学习能力的影响是多方面的。首先，锻炼可以促进大脑中与学习和记忆相关的神经化学物质的产生。这些神经化学物质，如神经生长因子，对于神经元的生长和新的神经连接的形成至关重要。神经生长因子可以促进神经细胞之间的联系，增强大脑的可塑性，提高学习和记忆的能力。通过定期的体育锻炼，可以刺激这些神经化学物质的产生，从而优化大脑的学习和记忆功能。

最后，定期的体育活动能增强大脑的血流量，改善大脑供氧。血液流动的增强可以带来更多的氧气和营养物质，为大脑细胞提供能量，提高大脑的工作效率。改善大脑供氧有助于提高认知功能，包括注意力、思维敏捷性和决策能力等。定期的体育锻炼可以促进血液循环，保持大脑的健康和活力。

此外，体育锻炼还可以促进神经系统的健康和协调。运动可以刺激神经细胞的生长和连接，增强神经网络的复杂性和灵活性。这种神经系统的优化可以提高大脑处理信息和执行任务的能力，从而提高学习效率和记忆力。

总之，身体锻炼对大脑功能和学习能力的影响主要体现在它可以促进大脑中与学习和记忆相关的神经化学物质的产生，如神经生长因子，这对神经元的生长和新的神经连接的形成至关重要。此外，定期的体育活动能增强大脑的血流量，改善大脑供氧，从而提高大脑的工作效率和认知功能。这些影响不仅有助于提高学习效果，还有助于保持大脑的健康和活力。因此，鼓励学生进行定期的体育锻炼，对于他们的学习和发展至关重要。

（二）运动与大脑健康的生理基础

运动对于维持大脑健康具有至关重要的作用。首先，运动能够改善心血管系统的健康，这对于大脑的氧气和营养物质供应至关重要。当心脏泵血效率提高时，更多的血液能够被输送到大脑，带来充足的氧气和营养物质，满足大脑细胞的需求。这有助于保持大脑细胞的活力，提高大脑的工作效率和认知功能。

其次，运动还能调节身体的激素水平，比如降低压力激素的水平，提高幸福感激素（如内啡肽）的分泌，这些都有助于提高大脑功能。压力激素如皮质醇在高水平时会干扰大脑的学习和记忆功能。通过运动，可以降低压力激素的水平，减轻压力对大脑的影响。同时，运动能够刺激内啡肽的分泌，如多巴胺和血清素，这些激素能够提高心情，增强幸福感，从而改善大脑功能。

此外，运动还能够促进神经生长因子的产生，如 BDNF（脑源性神经营养因子）。这些生长因子对于神经细胞的生长和连接至关重要，能够增强大脑的可塑性，提高学习和记忆能力。通过定期的体育锻炼，可以刺激这些神经生长因子的产生，从而优化大脑的学习和记忆功能。

（三）体育活动对学生心理健康的积极作用

参与体育活动对于学生的心理健康具有积极的影响。首先，体育活动是一种有效的压力释放方式。学习和生活中的压力可能会导致焦虑和紧张，而体育活动提供了一种健康的方式来应对这些压力。在体育活动中，学生可以将注意力集中在运动上，暂时忘记压力和焦虑，从而达到心理放松的效果。

其次，体育活动能够提高学生的自我效能感和自尊心。自我效能感是指个体对自己完成特定任务的能力的信念。通过参与体育活动，学生可以体验到成功和成就，这有助于增强他们的自信心和自我效能感。成功的体验可以让学生相信自己能够克服困难，实现目标，从而提高自尊心。

再次，体育活动还能够增强学生的社会交往能力。通过团队运动和体育竞赛，学生有机会与其他人合作和互动。这种社交互动可以培养学生的沟通技巧、团队合作精神和领导能力。同时，体育活动还能够提升学生的情绪状态。体育活动可以刺激内啡肽的分泌，提高心情，增强幸福感。

最后，体育活动能够增加学生的社会归属感。参与体育活动可以使学生成为某个团队或群体的一部分，感受到与他人共同为一个目标努力的归属感。这种社会归属感可以增强学生的社交网络，提供情感支持，有助于他们在面对困难时获得帮助。

总之，体育活动对学生心理健康的积极作用不容忽视。通过参与体育活动，学生可以有效地减少压力和焦虑，提高自我效能感和自尊心。体育活动提供了一种健康的方式来应对学习和生活中的压力，同时，通过团队运动和体育竞赛，学生还能增强社会交往能力，提升情绪状态，增加社会归属感。教师应该鼓励学生积极参与体育活动，为他们提供必要的支持和指导，帮助他们在体育活动中促进心理健康。

第三节 体育的教学效果与方法

在当代高校教育体系中，体育教学占据着不可或缺的地位，不仅因为它对于学生身体健康的直接贡献，而且因为它在培养学生的综合素质、提升社交能力以及增强心理韧性等方面发挥着关键作用。体育教学的目标远不止于技能的传授，它更致力于通过体育活动的参与，培养学生健康的生活方式，增强团队协作能力，以及提升解决问题的能力。

一、教学效果的评估标准

在高校体育教学中，评估教学效果是确保学生能够从体育课程中获得最大收益的关键环节。教学效果的评估标准不应仅仅局限于技能的掌握和运动表现，还应包括知识的理解与应用、健康与体能的改善以及情感态度和价值观的培养等多个维度。

（一）技能掌握与运动表现

技能掌握与运动表现是最直观的评估标准之一，涉及学生在体育活动中所展现的技能水平和运动能力。在体育教学中，教师通常会通过观察和评估学生在运动中的表现来衡量他们的技能掌握程度。

首先，教师会观察学生是否能够准确、熟练地执行各项运动技巧。这包括学生是否能够正确地完成技能的各个环节，如起跑、跳跃、投掷等。学生应该能够按照正确的技术要求执行技能，并能够稳定、连贯地完成整个动作过程。

其次，教师会评估学生在实际运动中的表现，包括运动效率、技能的适应性和创造性等方面。运动效率是指学生执行技能时所表现出的能量利用和动作协调能力。技能的适应性则是指学生能否在不同的情境下灵活运用所学技能，如在变化的环境或对抗条件下能否保持技能的稳定表现。创造性则是指学生能否在原有技能的基础上进行创新和改进，如在比赛中能否运用独特的策略或技巧来获得优势。

最后，教师还会考虑学生在体育活动中的态度和努力程度。学生的积极参与、坚持不懈和对体育活动的热情都是评估的重要因素。教师会观察学生是否能够在训练和比赛中展现出积极的态度和努力的精神。

在评估技能掌握和运动表现时，教师应该采用全面和综合的方法。除了观察学生的表现外，教师还可以通过学生的自我评估、同伴评价和教师评价等多种方式来收集信息。这些评估方法可以提供更全面的视角，帮助教师更准确地了解学生的技能水平和运动表现。

总之，技能掌握与运动表现是体育教学中最直观的评估标准之一。教师需要考量学生是否能够准确、熟练地执行各项运动技巧以及他们在实际运动中的表现如何，包括但不限于运动效率、技能的适应性和创造性等。通过全面和综合的评估方法，教师可以更准确地了解学生的技能水平和运动表现，为他们提供有效的指导和帮助。

（二）知识理解与应用

体育教学不仅仅是技能的传授，更包括体育理论知识的教育。评估标准应涵盖学生对体育运动规则、策略、健康知识等方面的理解以及他们是否能将这些知识应用到实际运动和日常生活中。

在体育教学中，除了技能的传授外，体育理论知识的教育同样重要。这些理论知识包括体育运动规则、策略、健康知识等方面。学生对这些理论知识的掌握程度以及他们是否能将这些知识应用到实际运动和日常生活中，都是评估的重要标准。

首先，学生需要对体育运动规则有清晰的理解。规则是保证体育活动顺利进行的基础，学生需要知道哪些行为是允许的，哪些是不允许的。在评估中，教师会观察学生是否能够在实际运动中遵守规则，并正确地执行规则要求。

其次，学生需要对体育运动策略有深入的理解。策略是提高运动表现的关键，学生需要了解如何在不同的情境下运用策略来取得优势。在评估中，教师会观察学生是否能够在实际运动中运用策略，以及他们的策略运用是否有效。

再次，学生需要对健康知识有全面的理解。健康知识是保障学生身心健康的基础，学生需要了解如何保持良好的身体状况，如何避免运动伤害等。在评估中，教师会观察学生是否能够保持良好的运动习惯，以及他们在运动中是否能够注意安全。

最后，教师还会观察学生是否能将这些理论知识应用到实际运动和日常生活中。学生需要能够将在课堂上学习的理论知识运用到实际运动中，提高他们的运动表现。同时，学生还需要能够将在体育课上学到的健康知识运用到日常生活中，保持良好的生活习惯，提高生活质量。

（三）健康与体能改善

体育教学的一个重要目标是提升学生的身体健康和体能。因此，评估时应关注学生的体能改善情况，包括但不限于耐力、力量、灵活性、协调性等方面的提升。通过定期的体能测试和健康评估，可以客观地反映学生的健康和体能改善情况。

提升学生的身体健康和体能是体育教学的核心目标之一。在评估学生体育学习成果时，教师应关注学生在耐力、力量、灵活性、协调性等方面的体能改善情况。这些方面是衡量学生身体健康和体能水平的重要指标。

首先，耐力是指学生在长时间内保持运动的能力。评估时，教师可以通过长跑、游泳等耐力性运动来检验学生的耐力水平。耐力的提升表明学生的心肺功能和能量代谢能力得到了改善。

其次，力量是指学生在运动中克服阻力的能力。评估时，教师可以通过举重、引体向上等力量性运动来检验学生的力量水平。力量的提升表明学生的肌肉质量和力量得到了增强。

再次，灵活性是指学生在运动中关节活动的范围和能力。评估时，教师可以通过柔韧性测试来检验学生的灵活性水平。灵活性的提升表明学生的关节活动范围和肌肉伸展能力得到了改善。

最后，协调性是指学生在运动中身体各部分协同工作的能力。评估时，教师可以通过平衡木、跳绳等协调性运动来检验学生的协调性水平。协调性的提升表明学生的身体协调和运动控制能力得到了提高。

为了客观地反映学生的健康和体能改善情况，教师需要定期进行体能测试和健康评估。这些测试和评估可以揭示学生在各个体能方面的进步，帮助教师了解教学效果，并为学生提供有针对性的指导和帮助。

（四）情感态度与价值观的培养

体育教学还应致力于培养学生的积极情感态度和健康的价值观。这包括学生对体育运动的热爱、团队合作精神、公平竞争意识以及对胜败的健康态度等。通过观察学生在课堂上的表现和行为，教师可以评估体育教学在情感态度和价值观培养方面的效果。

在体育教学中，培养学生的积极情感态度和健康的价值观是非常重要的。这有助于学生形成积极的人生观和价值观，对他们的人际关系和未来发展都有积极的影响。

首先，学生对体育运动的热爱是体育教学中需要培养的情感态度之一。学生应该对体育活动充满热情，享受运动带来的快乐和挑战。教师可以通过组织有趣的活动和游戏，激发学生对体育运动的兴趣和热爱。

其次，团队合作精神是体育教学中需要培养的重要价值观。学生应该学会与他人合作，共同完成目标。教师可以通过团队运动和竞赛，培养学生的团队合作精神和沟通能力。

再次，公平竞争意识也是体育教学中需要培养的价值观。学生应该学会尊重对手，遵守规则，以公平公正的态度进行比赛。教师可以通过强调公平竞争的重要性，引导学生形成正确的竞争观念。

最后，对胜败的健康态度也是体育教学中需要培养的价值观。学生应该学会正确看待胜败，不因胜利而骄傲，也不因失败而气馁。教师可以通过鼓励学生积极参与，强调过程的重要性，培养他们对胜败的健康态度。

通过观察学生的课堂表现和行为，教师可以评估体育教学在情感态度和价值观培养方面的效果。教师可以观察学生是否积极参与体育活动，是否展现出团队合作精神，是否遵守规则，以及对胜败的态度如何。这些观察结果可以反映出体育教学在培养学生情感态度和价值观方面的成效。

二、有效教学方法概述

在高校体育教学中，采用有效的教学方法是提升学生学习效率和教学质量的关键。以下是一些推荐的教学方法，旨在激发学生的学习兴趣，促进其全面发展。

（一）示范与实践结合法

这种方法强调通过教师的示范来直观展示技能，然后让学生进行实践操作。示范可以帮助学生快速理解运动技能的关键点，而实践则使学生能够通过亲身体验来巩固学习成果。这种结合法有助于提高学生的技能掌握速度和效率。

在体育教学中，教师的示范是学生学习技能的重要途径。通过教师的示范，学生可以直观地看到技能的执行过程，理解技能的关键点和细节。教师的示范应该清晰、准确，并能够展示技能的各个方面。例如，在篮球教学中，教师可以通过示范正确的投篮姿势和动作，让学生了解投篮的关键要素。

在教师示范之后，学生需要进行实践操作。实践是学生通过亲身体验来巩固学习成果的关键环节。学生需要通过反复的练习来掌握技能，并逐渐提高技能的准确性和流畅性。例如，在篮球教学中，学生需要在实际投篮中体验和练习，通过不断的尝试和改进，逐渐提高投篮的准确率。

将教师的示范与学生的实践相结合，可以提高学生的技能掌握速度和效率。教师示范为学生提供了技能学习的起点，而实践则使学生能够通过亲身体验来巩固学习成果。这种结合法可以使学生更快地掌握技能，并提高技能的执行质量。

此外，教师还应该为学生提供及时的反馈和指导。通过观察学生的实践操作，教师可以发现学生存在的问题，并提供针对性的建议和指导。这种反馈和指导可以帮助学生更快地改进技能，提高学习效果。

总之，在体育教学中，通过教师的示范来直观展示技能，然后让学生进行实践操作，是提高学生技能掌握速度和效率的有效方法。教师示范可以帮助学生快速理解运动技能的关键点，而实践则使学生能够通过亲身体验来巩固学习成果。通过将教师的示范与学生的实践相结合，教师可以帮助学生更快地掌握技能，并提高技能的执行质量。

（二）小组讨论与合作学习

将学生分成小组进行讨论和学习是一种有效的教学方法，它能够促进学生的社交技能、团队合作能力和问题解决能力的提升。在小组中，学生有机会与他人合作，共同完成任务和解决问题。这种合作经验可以培养学生的沟通技巧、团队合作精神和领导能力。

小组讨论和合作学习鼓励学生相互教学和共享信息。在小组中，每个学生都可以分享自己的观点和经验，同时也可以从他人那里学习和借鉴。这种相互教学的方式可以提高学生的学习效果，并培养他们的领导能力。学生可以通过组织和引导小组讨论，提高自己的组织能力和领导能力。

此外，小组讨论和合作学习还有助于培养学生的责任感。在小组中，每个学生都有自己的角色和任务，需要对自己的工作负责。这种责任感可以促使学生更加积极地参与学习和讨论，提高他们的学习效果。

总之，通过将学生分成小组，让他们在团队中讨论和学习，可以有效提升学生的社交技能、团队合作能力和问题解决能力。小组讨论和合作学习鼓励学生相互教学、共享信息，有助于培养学生的领导能力和责任感。教师应该充分利用小组讨论和合作学习的方式，为学生提供更多的实践机会和情境，帮助他们全面提升社交技能、团队合作能力和问题解决能力。

（三）游戏化学习与竞技比赛

在体育教学中，将游戏元素和竞技性引入课堂可以大大增加学习的趣味性。游戏化学习通过设计具有挑战性和趣味性的体育游戏，能够激发学生的参与热情和竞争意识。例如，教师可以设计一些体育游戏，如接力赛、趣味篮球赛等，让学生在游戏中锻炼身体，提高运动技能。

同时，组织竞技比赛不仅能够提高学生的运动技能，还能培养他们的团队精神和公平竞争意识。教师可以根据学生的年龄和能力组织不同形式的竞技比赛，如班级比赛、校际比赛等。这些比赛可以为学生提供展示自己能力的平台，增加学习的趣味性和刺激性。

在竞技比赛中，学生需要学会与他人合作，共同为团队的目标努力。这种团队合作的精神可以培养学生的沟通技巧、领导能力和团队协作能力。同时，学生还需要学会尊重对手，遵守规则，以公平公正的态度进行比赛。这种公平竞争的意识可以培养学生的诚信、自律和尊重他人的品质。

此外，通过参与竞技比赛，学生还可以培养良好的运动习惯和积极的生活态度。他们可以学会如何合理安排时间，平衡学习和锻炼，提高自己的生活质量。同时，竞技比赛还可以激发学生的内在动力，使他们更加主动地参与体育锻炼，提高自己的运动能力。

总之，将游戏元素和竞技性引入体育教学中，可以大大增加学习的趣味性。游戏化学习通过设计具有挑战性和趣味性的体育游戏，能够激发学生的参与热情和竞争意识。同时，组织竞技比赛不仅能够提高学生的运动技能，还能培养他们的团队精神和公平竞争意识。教师应该充分利用游戏化和竞技性的教学方式，为学生提供更多的实践机会和情境，帮助他们全面发展运动技能、团队精神和公平竞争意识。

（四）个性化与差异化教学

在体育教学中，考虑到学生之间的身体条件、兴趣和能力存在差异，采用个性化和差异化教学方法至关重要。这种教学方法能够为每位学生提供最适合其发展的学习路径，确保每位学生都能在体育课上获得最佳的学习体验。

首先，教师需要对学生进行个性化评估。这包括评估学生的身体条件、兴趣和能力等方面。通过评估，教师可以了解每位学生的特点和需求，为他们提供个性化的教学计划。

其次，教师需要根据学生的个性化评估结果，调整教学内容、教学方法和进度等。对于身体条件较好、兴趣和能力较强的学生，教师可以适当增加教学内容的难度和深度，提供更多挑战性的练习和活动；对于身体条件一般、兴趣和能力较低的学生，教师可以适当降低教学内容的难度和深度，注重基础技能的培养和锻炼。

最后，教师还需要关注学生的学习进度和进步情况。通过定期评估和反馈，教师可以了解学生是否适应教学计划，并根据需要进行调整。确保每位学生都能在体育课上获得最佳的学习体验。

总之，在体育教学中，考虑到学生之间的身体条件、兴趣和能力存在差异，采用个性化和差异化教学方法是非常重要的。通过对学生进行个性化评估，教师可以设计符合学生个人需求的教学计划，包括调整教学内容、教学方法和进度等，确保每位学生都能在体育课上获得最佳的学习体验。这种教学方法有助于激发学生的学习兴趣，提高他们的运动技能和身体素质，培养他们的积极性和自信心。

综上所述，高校体育教学应采用多样化的教学方法，以满足学生的不同学习需求，同时提升教学效果。这些方法不仅能够提升学生的学习动力和参与度，还能促进其在技能、知识、情感和社交等方面的全面发展。通过不断创新和实践这些教学方法，高校体育教学将能够更好地适应现代教育的要求，为学生的终身发展奠定坚实的基础。

三、创新教学方法的应用

在当今快速发展的教育环境中，创新教学方法的应用已成为高校体育教学中的一个重要趋势。通过引入新技术和教学模式，教师能够更有效地激发学生的学习兴趣，提高教学效率，同时帮助学生培养必要的技能和素质。

（一）信息技术在体育教学中的应用

信息技术在体育教学中的应用越来越广泛，为学生提供了更多的学习资源和便利。使用智能设备和应用程序是信息技术在体育教学中的一个重要应用。这些设备和应用程序可以为学生提供个性化的训练计划和即时反馈，帮助他们更准确地理解运动技巧和改进方法。

例如，在篮球教学中，学生可以使用智能篮球训练应用程序，根据自己的水平和需求，选择合适的训练项目进行练习。应用程序还可以提供实时的动作纠正和技巧指导，帮助学生改进投篮、运球等技巧。通过这种方式，学生可以更加专注于训练，提高运动技能。

同时，教师也可以利用数据分析工具跟踪学生的进步。这些工具可以收集学生在训练和比赛中的数据，如投篮命中率、跑动速度等，并生成详细的分析报告。教师可以根据这些数据，了解学生的训练效果和存在的问题，从而提供更有针对性的指导。

例如，在田径教学中，教师可以使用数据分析工具跟踪学生在短跑、长跑等项目的表现。通过分析学生的数据，教师可以发现学生在哪个环节存在不足，并针对性地提供训练建议。这种方式有助于提高学生的训练效率，优化训练计划。

此外，信息技术还可以用于创建虚拟现实（VR）和增强现实（AR）教学环境中。这些技术可以为学生提供沉浸式的学习体验，让他们在虚拟环境中练习和掌握运动技巧。例如，在体操教学中，学生可以在虚拟环境中练习高低杠、跳马等动作，提高训练的安全性和效果。

总之，随着信息技术的飞速发展，其在体育教学中的应用为学习提供了新的可能性。通过使用智能设备和应用程序，学生可以接收到个性化的训练计划和即时反馈，帮助他们更准确地理解运动技巧和改进方法。同时，教师可以利用数据分析工具跟踪学生的进步，从而提供更有针对性的指导。教师应该关注信息技术的发展，充分利用这些工具和资源，提高体育教学的效果和学生的学习体验。

（二）翻转课堂与混合学习模式

翻转课堂和混合学习模式是对传统教学模式的一种创新。在这种模式下，教师将传统的教学顺序进行了颠覆，使学生在课前通过在线教学平台自主预习新知识。这种方式使学生在上课前即对将要学习的内容有了初步的了解和认识，为课堂学习打下了基础。

课堂时间在这种模式下主要用于讨论、实践和解决问题。学生可以就预习过程中遇到的问题进行提问，教师和其他同学共同讨论，共同解决问题。这种方式增加了课堂的互动性，使学生能够积极参与课堂学习，提高学习效果。

此外，翻转课堂和混合学习模式还结合了线上线下的学习资源。在线教学平台提供了丰富的学习资源，如视频教程、电子书籍、在线测试等。学生可以根据自己的学习进度和需求，自主选择学习资源进行学习。这种方式使学习更加灵活，满足了不同学生的学习需求。

通过翻转课堂和混合学习模式，学生不仅能够在课前自主预习新知识，课堂时间还能用于讨论、实践和解决问题。这样不仅增加了学习的深度，也提高了课堂的互动性。教师应该充分利用线上线下的学习资源，引导学生进行自主学习，提高他们的学习效果和能力。

总之，翻转课堂和混合学习模式为学生创造更多自主学习的机会，使学习更加灵活和深入。在这种模式下，学生在课前通过在线教学平台预习新知识，课堂时间则用于讨论、实践和解决问题。这样不仅增加了学习的深度，也提高了课堂的互动性。教师应该关注这种教学模式的发展，充分利用线上线下的学习资源，引导学生进行自主学习，提高他们的学习效果和能力。

（三）情景模拟与角色扮演

在体育教学中，情景模拟是一种非常有效的教学方法。通过创建与真实体育场景相似的情境，学生可以在模拟的环境中深入体验特定的体育活动或竞赛。这种方法不仅能够让学生在实际操作中学习决策制定、策略应用等重要技能，还能够增强学习的趣味性和实践性。

例如，在篮球教学中，教师可以设计一场模拟的篮球比赛，让学生扮演教练、球员等角色。在这种情境下，学生需要根据比赛情况制定策略，调整战术，以取得比赛胜利。这种角色扮演的方式使学生能够更加深入地理解篮球比赛的策略和决策过程，提高他们的决策能力和应变能力。

此外，情景模拟还能够增强学生的团队合作意识和沟通能力。在模拟的体育活动中，学生需要与队友密切合作，共同完成任务。这种团队合作的方式使学生能够更好地理解团队合作的重要性，提高他们的沟通技巧和协作能力。

同时，情景模拟还能够培养学生的领导能力和责任感。在模拟的体育活动中，学生需要扮演领导角色，负责组织和指导团队。这种领导角色的扮演使学生能够更好地理解领导者的责任和作用，提高他们的领导能力和组织能力。

总之，通过创建与真实体育场景相似的情境，让学生通过角色扮演的方式深入体验特定的体育活动或竞赛，是一种非常有效的教学方法。教师应该充分利用情景模拟的方式，为学生提供更多的实践机会和情境，帮助他们全面发展决策能力、团队合作意识和领导能力。

（四）体验式与探究式学习

体验式和探究式学习鼓励学生通过亲身体验和主动探索来学习体育知识和技能。教师可以设计一系列基于学生兴趣和实际需求的探究任务，引导学生通过观察、实验和反思来获取知识。这种学习方式不仅能够提升学生的动手能力，还能培养其批判性思维和解决问题的能力。

体验式和探究式学习是体育教学中重要的教学方法。这种方法鼓励学生通过亲身体验和主动探索来学习体育知识和技能。学生通过直接参与体育活动、观察、实验和反思，能够更好地理解和掌握体育知识和技能。

为了实现体验式和探究式学习，教师可以设计一系列基于学生兴趣和实际需求的探究任务。这些任务可以包括观察体育比赛、实验不同的运动技巧、分析体育训练方法等。通过这些探究任务，学生能够主动地探索和获取体育知识和技能。

例如，在篮球教学中，教师可以让学生观察一场篮球比赛，并分析比赛中球员的战术和技巧。学生通过观察和分析，能够更好地理解篮球比赛的策略和技巧。此外，教师还可以让学生进行篮球技巧的实验，如尝试不同的投篮姿势和运球技巧，并通过反思来改进技能。

体验式和探究式学习不仅能够提升学生的动手能力，还能培养其批判性思维和解决问题的能力。学生在实践中会遇到各种问题和挑战，需要通过批判性思维来分析和解决问题。这种学习方式能够激发学生的创造力和创新能力，培养他们独立思考和解决问题的能力。

总之，体验式和探究式学习是体育教学中重要的教学方法。教师应该充分利用体验式和探究式学习的方法，为学生提供更多的实践机会和情境，帮助他们全面发展体育知识和技能。

四、教学方法对教学效果的影响

教学方法在高校体育教学中扮演着至关重要的角色，直接影响学习动机、技能掌握、学生的身心健康以及团队合作与竞争意识的培养。选择适当的教学方法不仅能够提高教学效果，还能促进学生全面发展。

（一）方法选择对学习动机的影响

教学方法的选择对于激发学生的学习动机至关重要。教师应该根据学生的特点和需求，选择适合的教学方法，以提高学生的学习兴趣和动力。

例如，采用游戏化学习和竞技比赛等方法能够提高学生的学习兴趣。游戏化学习通过设计具有挑战性和趣味性的体育游戏，使学习过程更加生动有趣。例如，在篮球教学中，教师可以设计一些篮球游戏，如趣味投篮比赛、篮球接力等，让学生在游戏中锻炼身体，提高运动技能。竞技比赛则能够激发学生的竞争意识和团队精神，提高他们的学习动力。教师可以根据学生的年龄和能力组织不同形式的竞技比赛，如班级比赛、校际比赛等。这些比赛可以为学生提供展示自己能力的平台，增加学习的趣味性和刺激性。

此外，小组合作学习也是激发学生学习动机的重要方法。小组合作学习能够增强学生的归属感和参与感，使学生感到自己是团队的一部分，从而提高他们的学习动力。教师可以根据学生的特点和能力，将学生分成小组，让他们在小组中共同完成任务和解决问题。这种合作经验可以培养学生的沟通技巧、团队合作精神和领导能力。

教师通过灵活运用各种教学方法，可以有效地激发学生的内在动机，促进其主动学习。教师应该根据学生的特点和需求，选择适合的教学方法，并适时调整和优化教学方法，以提高学生的学习兴趣和动力。

总之，教学方法的选择对于激发学生的学习动机至关重要。采用游戏化学习和竞技比赛等方法能够提高学生的学习兴趣，使学习过程更加生动有趣。而小组合作学习则能增强学生的归属感和参与感，从而提高他们的学习动力。教师通过灵活运用各种教学方法，可以有效地激发学生的内在动机，促进其主动学习。教师应该关注学生的需求和特点，不断创新和优化教学方法，为学生的全面发展提供有力的支持。

（二）教学方法对技能掌握速度和质量的作用

示范与实践结合的教学方法是体育教学中常用的一种方法。这种方法通过教师的示范，让学生直观地了解技能的执行过程，然后通过实践操作来掌握技能。教师可以通过清晰、准确的示范，展示技能的关键点和细节。例如，在篮球教学中，教师可以通过示范正确的投篮姿势和动作，让学生了解投篮的关键要素。在示范之后，学生需要进行实践操作，通过反复的练习来掌握技能，并逐渐提高技能的准确性和流畅性。

个性化教学方法则是根据每个学生的学习情况提供定制化的指导。这种方法考虑到学生之间的身体条件、兴趣和能力存在差异，因此需要对每个学生进行个性化的评估，并根据评估结果设计符合学生个人需求的教学计划。例如，对于身体条件较好、兴趣和能力较强的学生，教师可以适当增加教学内容的难度和深度，提供更多挑战性的练习和活动；对于身体条件一般、兴趣和能力较低的学生，教师可以适当降低教学内容的难度和深度，注重基础技能的培养和锻炼。

通过采用适合学生特点和学习需求的教学方法，教师可以更有效地帮助学生掌握体育技能。教师需要根据学生的实际情况，灵活运用不同的教学方法，以提高学生的学习效率和技能掌握的质量。

总之，不同的教学方法对学生技能掌握的速度和质量也有着显著影响。示范与实践结合的教学方法能够加快学生技能的学习过程，提高学习效率；而个性化教学方法则能根据每个学生的学习情况提供定制化的指导，提升技能掌握的质量。通过采用适合学生特点和学习需求的教学方法，教师可以更有效地帮助学生掌握体育技能。教师应该关注学生的特点和学习需求，不断创新和优化教学方法，为学生的全面发展提供有力的支持。

（三）教学方法对学生身心健康的促进作用

在体育教学中，除了关注学生的技能提升外，还应关注学生的身心健康。引入放松和减压的体育活动，如瑜伽和冥想，可以帮助学生缓解学习压力，提升心理健康。这些活动通过身体的柔韧性训练、呼吸控制和心理调节，有助于学生放松身心，减轻压力。例如，在体育课中安排一段瑜伽练习，让学生在轻松的音乐中进行体式练习，可以帮助他们缓解紧张和焦虑，提升心理健康。

户外探险和团队运动则能增强学生的体质，促进身体健康。户外探险活动如徒步、攀岩等，可以让学生接触自然，享受户外运动的乐趣，同时锻炼身体，增强体质。团队运动如篮球、足球等，则可以培养学生的团队合作精神，提高他们的运动技能，同时增强体质，促进身体健康。

通过合理选择教学方法，教师可以在提升体育技能的同时，关注学生的身心健康。例如，在教学计划中合理安排放松和减压的体育活动以及户外探险和团队运动。通过这样的教学安排，教师可以帮助学生在学习压力下保持良好的心理状态，同时增强他们的体质，促进身体健康。

总之，体育教学方法对学生的身心健康有着积极的促进作用。通过引入放松和减压的体育活动，如瑜伽和冥想，可以帮助学生缓解学习压力，提升心理健康；而户外探险和团队运动则能增强学生的体质，促进身体健康。通过合理选择教学方法，教师可以在提升体育技能的同时，关注学生的身心健康。教师应该关注学生的身心健康，合理选择和运用教学方法，为学生的全面发展提供有力的支持。

（四）教学方法在培养团队合作与竞争意识中的作用

团队体育项目和集体比赛是培养学生团队合作精神的重要手段。在这些项目中，学生需要学会与他人合作，共同为团队的目标努力。例如，在篮球、足球或排球等团队运动中，学生需要学会传球、配合和团队战术，以实现团队的最佳表现。通过参与这些项目，学生可以培养沟通技巧、领导能力和团队协作能力，这些都是团队合作精神的重要组成部分。

公平竞争的教学环境则能激励学生追求卓越，同时学会尊重对手，培养良好的竞争态度。在体育教学中，教师应该强调公平竞争的重要性，并确保学生在比赛中遵守规则、尊重对手。这种公平竞争的态度不仅有助于学生形成健康的竞争意识，还能够培养他们的诚信、自律和尊重他人的品质。

通过采用促进合作与竞争的教学方法，教师可以有效地培养学生的社会适应能力和人际交往能力。这些能力对于学生的未来发展至关重要，无论是在学校、职场还是社会生活中。教师可以通过组织团队活动和比赛，提供公平竞争的环境，鼓励学生积极参与，从而培养他们的社会适应能力和人际交往能力。

总之，在体育教学中，教学方法在培养学生的团队合作精神和健康竞争意识方面发挥着重要作用。团队体育项目和集体比赛能够鼓励学生之间的合作，培养团队精神；而公平竞争的教学环境则能激励学生追求卓越，同时学会尊重对手，培养良好的竞争态度。通过采用促进合作与竞争的教学方法，教师可以有效地培养学生的社会适应能力和人际交往能力。教师应该注重培养学生的团队合作精神和健康竞争意识，为他们的人际关系和未来发展奠定坚实的基础。

第五章 现代高校体育教学方法的革新与应用

第一节 微课在高校体育教学中的应用

在当前的教育环境下，高校体育教学正面临着前所未有的挑战与机遇。随着信息技术的迅速发展，传统的教学模式正逐渐向更加灵活、个性化的方向转变。在这样的背景下，微课作为一种新型的教学模式，凭借其独特性，开始受到教育界的广泛关注。

微课是指以视频为主要表现形式，时长通常不超过 10 分钟的教学单元，它以精练、针对性强的内容和灵活、便捷的学习方式，满足了现代学生快速获取知识和信息的需求。与传统教学模式相比，微课能够提供更为集中和高效的学习体验，特别是在体育教学领域，微课的应用开辟了新的教学途径，为解决高校体育教学中的诸多挑战提供了可能。

一、微课的设计原则

微课作为高校体育教学的一种创新方法，其设计和实施必须遵循一些基本原则，以确保其有效性和吸引力。这些设计原则主要包括精练与针对性、互动性与参与感以及灵活性与可访问性，这些原则共同构成了微课成功的关键。

（一）精练与针对性

微课的内容设计应聚焦于特定的教学目标或技能点，避免冗长和杂乱无章，确保每个微课单元都能够在短短的时间内传达核心知识和技能。这要求教师在设计微课时，要精心策划教学内容，去除非必要的信息，确保学习内容直接相关、易于学生理解和掌握。

在设计微课时，教师需要明确教学目标或技能点，并围绕这些目标或技能点组织教学内容。微课的时间通常较短，因此教师需要将教学内容精练，突出重点，以便在有限的时间内传达核心知识和技能。

例如，在教授篮球投篮技能的微课中，教师可以专注于投篮姿势、手部动作等关键点。教师可以通过清晰的示范和讲解，使学生能够快速抓住技能的精髓。在设计微课时，教师需要去除非必要的信息，避免冗长和杂乱无章的教学内容，这样可以帮助学生更好地理解和掌握投篮技能。

此外，教师在设计微课时，还需要考虑学生的学习需求和认知水平。根据学生的特点和需求，设计适合他们的微课内容，使学生能够更容易理解和掌握所学知识。

总之，在设计微课时，教师需要聚焦于特定的教学目标或技能点，避免冗长和杂乱无章的教学内容。通过精心策划教学内容，去除非必要的信息，确保学习内容直接相关、易于学生理解和掌握。这样可以有效地帮助学生快速抓住技能的精髓，提高学习效果。教师应该注重微课的设计，充分利用微课的优势，为学生的学习提供更多便利和帮助。

（二）互动性与参与感

在设计微课时，教师应考虑如何增强学生的学习体验，使其在学习过程中能够主动参与和互动。这可以通过设置问题、互动测验、实践任务等方式实现。

首先，设置问题是引导学生思考的有效方式。教师可以在微课中提出与教学内容相关的问题，鼓励学生思考并回答。例如，在教授篮球投篮技能的微课中，教师可以提出关于投篮姿势、手部动作等问题，让学生在学习过程中思考并作答。

其次，互动测验可以检验学生对知识的掌握程度，并激发学生的学习兴趣。教师可以在微课中设计一些简单的互动测验，让学生根据视频内容选择答案或完成题目。这种测验可以鼓励学生在学习过程中积极思考，提高学习的积极性和主动性。

最后，实践任务是让学生将所学知识应用到实际中的重要环节。教师可以在微课中设计一些实践任务，让学生通过实际操作来巩固所学知识。例如，在教授篮球投篮技能的微课中，教师可以让学生完成一些投篮练习任务，通过实际投篮来提高技能水平。

例如，微课后可以设计一些简单的互动问答，让学生根据视频内容回答问题，或者通过提交自己的运动视频来展示学习成果，从而增加学习的趣味性和参与度。这种参与式的学习可以激发学生的学习兴趣，提高他们的学习积极性和主动性。

总之，微课应设计成能够增强学生的学习体验，让学生在学习过程中能够主动参与和互动。通过设置问题、互动测验、实践任务等方式，鼓励学生在学习过程中思考和应用所学知识，提高学习的积极性和主动性。这种参与式的学习方式可以增加学习的趣味性和参与度，使学生在学习中获得更好的学习效果。教师应该注重微课的设计，充分利用微课的优势，为学生的学习提供更多便利和帮助。

（三）灵活性与可访问性

微课的一个显著优势是其高度的灵活性和可访问性，学生可以根据自己的时间安排学习节奏，随时随地进行学习。为此，微课的设计和发布应考虑到多平台的兼容性，确保学生能够通过手机、平板电脑等移动设备轻松访问课程内容。此外，教师还应考虑到网络条件的差异，优化视频质量和加载速度，确保所有学生都能顺畅地进行学习。

微课的灵活性和可访问性为学生提供了极大的便利。学生可以根据自己的时间安排学习节奏，随时随地进行学习。这种灵活性使得学生能够根据自己的需求和情况，自主选择学习时间和地点，提高学习效率。

为了确保学生能够随时随地进行学习，微课的设计和发布应考虑到多平台的兼容性。教师应确保微课能够在不同的设备上运行，如手机、平板电脑等。这样可以满足不同学生的需求，使学生能够根据自己的设备选择，轻松访问课程内容。

此外，教师还应考虑到网络条件的差异。由于网络条件的不同，学生的学习体验可能受到影响。为了确保所有学生都能顺畅地进行学习，教师应优化视频质量和加载速度。例如，教师可以选择适合网络传输的视频格式和分辨率，以减少视频大小，提高加载速度。此外，教师还可以提供不同长度的视频版本，以适应不同网络条件的学生。

总之，微课的灵活性和可访问性为学生提供了极大的便利。为了确保学生能够随时随地进行学习，微课的设计和发布应考虑到多平台的兼容性，并优化视频质量和加载速度。通过考虑这些因素，教师可以确保所有学生都能顺畅地进行学习，提高学习效果。教师应该注重微课的设计和发布，充分利用微课的优势，为学生的学习提供更多便利和帮助。

二、微课在体育教学中的应用策略

微课作为一种灵活且高效的教学方式，在高校体育教学中的应用具有多样化的策略，可以覆盖技能教学、理论知识传授、案例分析以及健身指导等多个方面。这些策略不仅丰富了体育教学的内容和形式，还提高了学习的有效性和趣味性。

（一）技能教学

在技能教学方面，微课可以通过分解复杂的动作技能，逐步引导学生掌握每个基本动作。例如，在教授篮球运球技巧的微课中，教师可以将运球动作分解为手部位置、身体姿态、步伐移动等细节，每个环节制作成单独的微课进行讲解和示范，使学生能够逐步理解和练习，从而有效掌握整个技能。

在技能教学方面，微课的优势在于其能够将复杂的动作技能分解成一系列简单的、可管理的部分，使学生能够逐步理解和练习。这种分解方法有助于学生更好地掌握每个基本动作，从而有效掌握整个技能。

例如，在教授篮球运球技巧的微课中，教师可以将运球动作分解为以下几个关键部分：

①手部位置：教师可以解释和演示正确的运球手部位置，包括手指、手腕和前臂的正确姿势。

②身体姿态：教师可以讲解和示范正确的身体姿态，包括站立、弯腰和眼睛注视球的位置。

③步伐移动：教师可以解释和演示正确的步伐移动，包括脚步的移动方向和步伐的节奏。

每个环节都可以制作成单独的微课进行讲解和示范。这样学生可以根据自己的学习节奏，逐步学习和练习每个基本动作。教师可以通过清晰的示范和详细的讲解，使学生能够更好地理解每个动作的关键要点。

此外，教师还可以提供一些练习任务和反馈，帮助学生巩固每个基本动作的掌握。例如，教师可以提供运球练习任务，让学生在练习中专注于手部位置、身体姿态和步伐移动的正确性。同时，教师还可以提供视频反馈，让学生观察自己的运球动作，并针对存在的问题进行改进。

总之，在技能教学方面，微课可以通过分解复杂的动作技能，逐步引导学生掌握每个基本动作。通过制作单独的微课进行讲解和示范，使学生能够逐步理解和练习，从而有效掌握整个技能。教师应该充分利用微课的优势，注重技能教学的分解和逐步引导，帮助学生更好地掌握体育技能。

（二）理论知识讲解

在体育教学中，理论部分如体育规则、健康知识等对于学生的全面发展至关重要。微课能够为这些理论部分提供清晰、简洁的教学内容，帮助学生更好地理解和记忆。

例如，在介绍足球比赛的基本规则时，教师可以通过微课以图文、动画或视频的形式进行讲解。通过生动的视觉展示，学生可以更直观地理解规则的具体内容，如越位规则、犯规判罚等。这种直观易懂的学习材料有助于学生更好地理解和记忆足球规则。

此外，在讲解正确的运动热身和拉伸方法时，教师也可以通过微课以图文、动画或视频的形式进行展示。通过清晰的示范和详细的讲解，学生可以更好地理解运动热身和拉伸的重要性，以及正确的操作方法。这有助于提高学生的健康意识和自我保护能力，避免运动伤害的发生。

总之，对于体育规则、健康知识等理论部分，微课能够提供清晰、简洁的教学内容。通过图文、动画或视频的形式，将抽象的理论知识转化为直观易懂的学习材料，帮助学生更好地理解和记忆。教师应该充分利用微课的优势，注重理论部分的教学，通过生动、直观的学习材料，提高学生的体育规则意识和健康知识水平。

（三）案例分析

例如，在篮球教学中，教师可以选取一些经典的比赛片段，如 NBA 比赛中的精彩进球或防守。通过微课形式，教师可以对这些比赛片段进行详细解读，分析运动员的技术动作和战术运用。教师可以重点讲解运动员的投篮姿势、步伐移动、防守技巧等关键点，并指出可供学生学习借鉴的要点。

此外，教师还可以通过微课形式，对运动员的战术运用进行解读。例如，在篮球比赛中，教师可以分析运动员的进攻战术、防守策略等，并讲解其在比赛中的应用和效果。通过这种剖析，学生可以更好地理解篮球比赛的战术体系，提高他们的战术运用能力。

总之，利用微课进行优秀运动员的比赛分析和技术剖析，可以增强学生的学习兴趣和模仿欲望。教师可以选取经典比赛片段，通过微课形式对运动员的技术动作、战术运用进行详细解读，同时指出可供学习借鉴的要点，激发学生的学习热情，提高技能水平。教师应该充分利用微课的优势，注重优秀运动员比赛分析和技术剖析的教学，帮助学生更好地理解和掌握技术动作和战术运用，提高他们的技能水平。

（四）健身指导

在体育教学中，针对不同学生的体质和需求，提供个性化的健身指导是非常重要的。微课在这方面具有独特的优势，可以为学生提供个性化的健身指导内容。

首先，教师可以根据学生的健身目标和身体状况，设计系列微课程。例如，对于想要减脂塑形的学生，教师可以设计一系列关于有氧运动、饮食控制等方面的微课程。对于想要提高力量训练的学生，教师可以设计一系列关于力量训练动作、器械使用等方面的微课程。对于想要提升柔韧性的学生，教师可以设计一系列关于柔韧性训练、拉伸方法等方面的微课程。

其次，教师可以根据学生的需求，提供科学的健身计划和指导。在微课程中，教师可以为学生提供详细的健身计划，包括运动类型、运动强度、运动频率等方面的建议。此外，教师还可以为学生提供一些实用的健身技巧和方法，如正确的运动姿势、运动过程中的呼吸技巧等。

最后，微课的个性化健身指导可以帮助学生有效达成健身目标，促进身心健康。通过微课的学习，学生可以更好地了解自己的身体状况和健身需求，制定适合自己的健身计划。同时，微课还可以提供持续的健身指导和监督，督促学生坚持健身，达成健身目标。

总之，针对不同学生的体质和需求，微课还可以提供个性化的健身指导内容。教师可以根据学生的健身目标和身体状况，设计系列微课程，如减脂塑形、力量训练、柔韧性提升等，为学生提供科学的健身计划和指导，帮助他们有效达成健身目标，促进身心健康。教师应该充分利用微课的优势，注重个性化健身指导的教学，帮助学生制定适合自己的健身计划，实现身心健康的发展。

三、微课教学的实施步骤

微课作为一种新型教育模式，在高校体育教学中的有效实施是提升教学效果的关键。以下是微课教学实施的主要步骤，包括微课资源的制作与整合、学生学习过程的组织与管理，以及互动与反馈机制的建立。

（一）微课资源的制作与整合

制作高质量的微课资源对于微课教学的成功至关重要。教师在制作微课时，首先需要明确教学目标和内容。教学目标应该是具体、可衡量的，内容应该与体育教学的特点紧密相关。

在设计微课时，教师应该整合丰富的教学元素，如视频、图文、动画等。视频可以展示技能的执行过程，图文可以详细解释关键点，动画则可以形象地展示技能的内部机制。这些教学元素可以帮助学生更好地理解和掌握体育知识和技能。

此外，教师应注重微课内容的精练和针对性。内容应该简洁明了，避免冗长和杂乱无章。教师应该去除非必要的信息，确保学习内容直接相关、易于学生理解和掌握。例如，在教授篮球投篮技能的微课中，教师可以专注于投篮姿势、手部动作等关键点，通过清晰的示范和讲解，使学生能够快速抓住技能的精髓。

制作完微课后，教师需要通过教学平台或社交媒体渠道，将这些微课资源整合并发布。发布平台应该具有较高的兼容性，能够支持多种设备访问。教师应该确保学生能够通过手机、平板电脑等移动设备轻松访问课程内容。此外，教师还应考虑到网络条件的差异，优化视频质量和加载速度，确保所有学生都能顺畅地进行学习。

总之，制作高质量的微课资源是微课教学成功的基础。教师需要明确教学目标和内容，设计并制作包含丰富教学元素的微课程，注重内容的精练和针对性，确保信息的准确性和易理解性。随后，通过教学平台或社交媒体渠道，将这些微课资源整合并发布，方便学生随时随地进行学习。教师应该注重微课的制作和发布，充分利用微课的优势，为学生的学习提供更多便利和帮助。

（二）学生学习过程的组织与管理

首先，教师需要制定合理的学习计划。教师可以根据教学目标和学生的实际情况，为学生制定一个明确、具体的学习计划。学习计划应该包括学习目标、学习内容、学习时间、学习方法等方面的安排。通过制定学习计划，教师可以帮助学生明确学习方向，提高学习效率。

其次，教师需要指导学生如何使用微课进行自主学习。教师可以为学生提供一些建议和方法，如如何选择适合自己的微课资源、如何安排学习时间、如何进行自我评估等。通过指导学生使用微课进行自主学习，教师可以帮助学生培养自主学习能力，提高学习效果。

最后，教师还需要指导学生如何根据自己的学习进度调整学习计划。教师可以鼓励学生定期进行自我评估，了解自己的学习进度和效果。如果学生发现自己的学习进度与学习计划不符，教师可以指导学生根据实际情况调整学习计划，确保学习计划的合理性和可行性。

教师还可以根据教学需要，将学生分组进行协作学习。通过分组协作学习，教师可以鼓励学生在学习过程中相互讨论、分享和协作，增加学习的互动性和深度。分组协作学习可以培养学生的团队合作精神、沟通能力和解决问题的能力。

例如，教师可以将学生分成小组，让他们共同完成一个与微课相关的项目或任务。学生可以在小组内部分享微课资源，讨论学习心得，互相提供反馈和建议。通过这种协作学习，学生可以更好地理解和掌握微课内容，提高学习效果。

总之，为了确保学生能够有效利用微课资源进行学习，教师需要组织和管理学生的学习过程。这包括制订合理的学习计划，指导学生如何使用微课进行自主学习，以及如何根据自己的学习进度调整学习计划。教师还可以根据教学需要，将学生分组进行协作学习，鼓励他们在学习过程中相互讨论、分享和协作，增加学习的互动性和深度。通过有效的组织和管理，教师可以帮助学生更好地利用微课资源进行学习，提高学习效果和能力。

（三）互动与反馈机制的建立

互动与反馈在微课教学中起着至关重要的作用。教师通过与学生的互动，可以更好地了解学生的学习状况,解答他们在学习过程中的疑问。这种互动可以是线上或线下的,教师可以利用社交媒体、学习平台或面对面的方式,与学生进行交流和讨论。

例如,教师可以通过学习平台建立一个在线论坛或讨论区,让学生在上面提问、分享学习心得和经验。教师可以定期浏览这些讨论区,并参与学生的讨论,解答他们的疑问。此外,教师还可以通过电子邮件、即时通信工具等方式,与学生进行一对一的互动,了解他们的学习状况,以提供个性化的指导和建议。

同时,建立有效的反馈机制对于提升微课教学效果也非常重要。教师应对学生的学习成果进行评价和反馈,这包括正式的评估和及时的鼓励、指导。正式的评估可以通过考试、作业、项目等方式进行,教师可以根据学生的表现,给出具体的评价和反馈。

此外,即时的鼓励和指导也非常重要。教师应该在学生学习过程中,及时给予鼓励和指导,帮助他们克服困难,取得进步。这种即时的反馈可以是口头表扬、鼓励的话语、积极的评价等。这些即时的反馈可以增强学生的自信心和动力,激励他们更加积极地参与学习和改进。

总之,互动与反馈是提升微课教学效果的重要环节。教师应通过线上或线下的方式,定期与学生进行互动,了解学生的学习状况,解答学生在学习过程中的疑问。同时,建立有效的反馈机制,对学生的学习成果进行评价和反馈,既包括正式的评估,也包括即时的鼓励和指导。这些反馈不仅可以帮助学生及时了解自己的学习进度和存在的问题,还能激励他们积极改进,持续进步。教师应该注重互动与反馈的实施,充分利用这些环节,提高微课教学的效果和学生的学习体验。

四、微课教学效果的评估

微课教学作为高校体育教学中的一个创新模式,其教学效果的评估是确保教学质量和持续改进的关键环节。评估主要包括学习成效的量化评估、学习体验的质性分析以及教学反思与持续改进三个方面。

（一）学习成效的量化评估

量化评估主要关注学生在微课学习过程中技能的掌握程度和理论知识的吸收情况。通过设置前后测试、技能操作考核等方式，教师可以具体量化学生的学习成果。如通过设置篮球投篮技能的前后对比测试来评估学生的技能提升，或通过在线测验来检验学生对体育理论知识的掌握情况。这种量化评估可以直观地反映微课教学的实际效果，为教学提供可靠的评估数据。

量化评估在微课教学中是一种重要的评估方式。它主要关注学生在微课学习过程中技能的掌握程度和理论知识的吸收情况。通过量化评估，教师可以具体量化学生的学习成果，从而更准确地了解学生的学习效果。

例如，在篮球投篮技能的教学中，教师可以通过设置前后对比测试来评估学生的技能提升情况。教师可以在微课学习前对学生进行一次投篮技能的测试，记录他们的投篮命中率、投篮姿势等指标。在学习一段时间后，教师再次进行测试，并比较前后测试结果的差异。通过这种对比，教师可以直观地了解学生通过微课学习在投篮技能上的提升情况。

此外，教师还可以通过在线测验来检验学生对体育理论知识的掌握情况。教师可以设计一些关于体育规则、运动生理学、运动营养学等方面的在线测验，让学生在微课学习后进行在线答题。通过分析学生的答题结果，教师可以了解学生对体育理论知识的掌握程度，评估微课教学的效果。

（二）学习体验的质性分析

质性分析则更侧重于对学生的学习体验和教学过程的观察分析。这包括收集学生的反馈信息，如通过问卷调查、访谈等方式了解学生对微课内容、教学方式的看法和建议；同时，教师也需要观察学生在微课学习过程中的参与度、互动情况和遇到的困难等，这些质性数据有助于深入理解微课教学的实际效果和存在的问题，从而为教学方法的优化提供指导。

质性分析在微课教学中同样重要。它更侧重于学生的学习体验和教学过程的观察分析。质性分析的目的是深入理解微课教学的实际效果和存在的问题，从而为教学方法的优化提供指导。

首先，教师可以通过收集学生的反馈信息来进行质性分析。学生反馈是了解学生学习体验的重要途径。教师可以通过问卷调查、访谈等方式，了解学生对微课内容、教学方式的看法和建议。例如，教师可以设计一份关于微课教学的问卷，包括微课内容的相关性、教学方式的满意度、学习效果的评价等方面的问题。学生通过填写问卷，提供对微课教学的反馈。此外，教师还可以通过访谈，与学生进行更深入的交流，了解他们的学习感受和需求。

其次，教师需要观察学生在微课学习过程中的参与度、互动情况和遇到的困难等。这些观察可以帮助教师了解学生在学习过程中的实际情况。教师可以通过观察学生的学习行为，了解他们的参与度，如是否积极参与讨论、提出问题等。此外，教师还可以观察学生的互动情况，如是否与其他学生进行有效的交流和合作。同时，教师应该关注学生在学习过程中遇到的困难和问题，及时给予支持和帮助。

通过收集学生的反馈信息和观察学生的学习过程，教师可以获得丰富的质性数据。这些数据有助于反馈微课教学的实际效果和存在的问题。教师可以根据这些数据，分析微课教学的优势和不足，从而为教学方法的优化提供指导。

总之，质性分析是微课教学中不可或缺的一部分。通过收集学生的反馈信息和观察学生的学习过程，教师可以获得深入理解微课教学的实际效果和存在的问题，从而为教学方法的优化提供指导。教师应该注重质性分析的实施，充分利用这些分析方法，提高微课教学的效果和学生的学习体验。

（三）教学反思与持续改进

教学效果的评估不仅是一个结果反馈的过程，也是教师教学反思和持续改进的重要环节。教师需要根据评估结果，反思微课设计和教学实施过程中的不足，如内容的选择与组织、教学互动的有效性、学生学习支持的充分性等方面。基于这些反思，教师可以采取针对性的改进措施，如调整微课内容、增强教学互动、优化学习支持等，以不断提升微课教学的质量和效果。

教学效果的评估是一个复杂的、持续的过程，它不仅仅是提供一个结果反馈，更重要的是促进教师的教学反思和持续改进。教师需要根据评估结果，深入反思微课设计和教学实施过程中的不足，并据此采取有效的改进措施，以不断提升微课教学的质量和效果。

首先，教师需要反思微课内容的选择与组织。教师应该考虑微课内容是否与教学目标紧密相关，内容是否过于繁杂或过于简单，以及内容是否以一种逻辑和系统的方式组织。基于这些反思，教师可以调整微课内容，确保内容的精练和针对性，并确保内容的组织方式能够帮助学生更好地理解和掌握知识。

其次，教师需要反思教学互动的有效性。教师应该考虑微课教学中是否提供了足够的互动机会，学生是否能够有效地参与和交流，以及教师是否能够及时回应学生的反馈和问题。基于这些反思，教师可以增加教学互动，如增加在线讨论区、提供实时答疑服务等，以提高学生的参与度和学习效果。

最后，教师需要反思学生学习支持的充分性。教师应该考虑微课教学中是否提供了足够的学习支持，如学习资料、练习题、反馈机制等。基于这些反思，教师可以优化学习支持，如提供详细的学习指南、组织学习小组、定期进行学习进度检查等，以帮助学生更好地学习和掌握知识。

通过上述综合评估，微课教学的效果得以全面审视，不仅有利于及时发现并解决教学过程中的问题，也有助于推动高校体育教学向更高质量、更有效果的方向发展。

第二节 慕课在高校体育教学中的应用

在当今快速发展的教育领域中，慕课（Massive Open Online Courses，简称 MOOCs）以其开放性、灵活性和广泛性，成为现代教育技术的一个重要标志。慕课是一种可以为广大学习者提供高质量教育资源的在线课程，特点包括无限参与、开放访问以及互动交流等。它打破了传统教育的时间和空间限制，让更多人能够接触到全球范围内的优质教育资源。

对于高校体育教学而言，慕课的引入同样具有重大意义。当前高校体育教学面临着种种挑战，包括课程内容的单一性、教学方法的传统性、学生参与度的不足等问题。同时，随着学生对体育学习需求的多样化和个性化增加，传统的体育教学模式越来越难以满足学生的学习需求。

一、慕课的设计与开发

在高校体育教学中，慕课的设计与开发是一个精细且系统的过程，它不仅需要教育者深入理解体育学科的特性，还需要运用现代教育技术和理念，以实现最佳的教学效果。

（一）课程内容的选取与结构设计

高质量慕课设计的第一步是从课程内容的精心选取开始的。在设计慕课时，内容的选择应该全面覆盖体育学科的各个方面，包括技能训练、理论知识、健康教育等，以确保学生能够全面理解和掌握体育学科的核心内容。

首先，技能训练是体育学科的重要组成部分。在慕课中，应该包含各种体育项目的技能训练内容，如篮球、足球、游泳、田径等。这些内容应该涵盖技能的各个环节，如基本动作、进阶技巧、战术应用等，以便学生能够系统地学习和掌握各项体育技能。

其次，理论知识也是体育学科的重要组成部分。在慕课中，应该包含体育理论知识的讲解，如体育规则、运动生理学、运动营养学等。这些理论知识可以帮助学生理解体育活动的科学原理，提高他们的体育素养。

最后，健康教育也是体育学科的一个重要方面。在慕课中，应该包含关于运动健康、运动损伤预防、运动康复等内容。这些健康教育内容可以帮助学生了解如何保持良好的身体状况，提高他们的健康意识。

除了内容的选取外，课程的结构设计也非常关键。在设计慕课时，应该合理安排各个模块和课程单元的顺序，使学习过程循序渐进。这样既有助于学生构建知识体系，又能激发学习兴趣。

例如，在设计篮球技能训练的慕课时，可以先从基本动作开始，逐步过渡到进阶技巧，最后介绍战术应用。这样可以使学生从基础到高级逐步深入学习，有助于他们更好地理解和掌握篮球技能。

（二）互动元素的融入

为了增强学生的学习参与度，慕课设计中需要融入各种互动元素。这包括设立讨论区、提供问答环节、设置互评机会等，通过这些互动设计，让学生有机会表达自己的观点，与教师和其他学生进行交流。这种互动不仅有利于知识的深化和巩固，也能提高学习的动态性和趣味性。

在慕课设计中，为了增强学生的学习参与度，融入各种互动元素是非常重要的。互动元素可以增加学生之间的交流和合作，提高学生的学习兴趣和参与度。

首先，设立讨论区是一个有效的互动方式。在慕课中，教师可以设立一个在线讨论区，让学生在上面发表自己的观点、提问、分享学习心得和经验。这种方式可以促进学生之间的交流和合作，让学生相互学习和借鉴。教师和其他学生可以参与讨论，提供反馈和建议，帮助学生更好地理解和掌握知识。

其次，提供问答环节也是一个重要的互动方式。在慕课中，教师可以设置一些问答环节，让学生提问，并提供即时的回答和反馈。这种方式可以增加学生与教师之间的互动，帮助学生解决学习过程中遇到的疑问和困难。

最后，设置互评机会也是一个有效的互动方式。在慕课中，教师可以设置一些互评任务，让学生互相评价和反馈。这种方式可以促进学生之间的交流和合作，增强学生的批判性思维和评价能力。

（三）技术支持

现代教育技术是慕课成功的重要支撑。高质量的视频制作可以提供清晰、生动的教学内容展示，帮助学生更好地理解和掌握技能和知识。在线测试和作业可以及时评估学生的学习情况，而数据追踪与分析工具则能帮助教师掌握学生的学习进度和效果，及时调整教学策略。通过有效的技术支持，慕课可以实现更个性化、更高效率的教学。

在慕课教学中，现代教育技术的应用是至关重要的。它为慕课的成功提供了重要的支撑。

首先，高质量的视频制作是慕课教学的关键。视频是慕课的主要教学媒介，清晰、生动的视频可以更好地展示教学内容，帮助学生理解和掌握技能和知识。教师应该采用专业的视频制作技术，如高清摄像、后期剪辑等，制作高质量的慕课视频。此外，教师还可以采用动画、图表、演示等辅助手段，使视频内容更加生动有趣，提高学生的学习兴趣。

其次，在线测试和作业是评估学生学习情况的有效手段。通过在线测试和作业，教师可以及时了解学生的学习情况，评估他们对知识和技能的掌握程度。在线测试可以包括选择题、填空题、简答题等多种形式，教师可以根据学生的答题结果，给出具体的评价和反馈。此外，作业也是检验学生学习效果的重要方式，教师可以布置一些与课程内容相关的作业，让学生进行实践操作和思考。

最后，数据追踪与分析工具对于教师掌握学生的学习进度和效果至关重要。通过这些工具，教师可以实时了解学生的学习进度、观看时间、答题情况等数据，从而更好地掌握学生的学习情况。这些数据可以帮助教师发现学生的问题和困难，及时调整教学策略。例如，如果发现某个知识点的学习效果不佳，教师可以针对性地加强教学，提供额外的学习资源和支持。

总之，现代教育技术是慕课成功的重要支撑。通过高质量的视频制作、在线测试和作业、数据追踪与分析工具等手段，慕课可以实现更个性化、更高效率的教学。教师应该充分利用现代教育技术，优化慕课教学，提高学生的学习效果和体验。

二、慕课在体育教学中的具体应用

慕课为高校体育教学提供了一个全新的平台，通过其独特的教学方式，能够覆盖体育教育的多个方面，从基础知识到高级技能，再到健康指导和理论教育，慕课都能提供有效的学习资源。

（一）基础体育知识与技能学习

慕课平台是一个丰富的在线教育资源库，为学生提供了各类体育运动的基础知识和技能教学。这些教学内容涵盖了常见体育项目的基本规则、技术动作以及训练方法，能够帮助学生全面了解和掌握体育运动的知识和技能。

例如，在篮球项目中，慕课平台可以提供关于篮球的基本规则、技术动作以及训练方法的教学。通过视频教学，学生可以直观地学习到正确的投篮姿势、运球技巧、防守动作等，了解篮球比赛的基本规则和战术策略。这些教学内容可以帮助学生建立起对篮球运动的基本认识，为进一步的技能提升打下坚实的基础。

在足球项目中，慕课平台同样可以提供关于足球的基本规则、技术动作以及训练方法的教学。通过视频教学，学生可以学习到正确的传球、射门、守门等技巧，了解足球比赛的基本规则和战术策略。这些教学内容有助于学生全面了解足球运动，为提高足球技能提供支持。

此外，羽毛球、乒乓球等其他常见体育项目也在慕课平台上得到了详细的介绍。学生可以通过视频教学，学习到这些项目的技术动作和训练方法，为提高自己的运动技能奠定基础。

总之，慕课平台提供了各类体育运动的基础知识和技能教学，包括篮球、足球、羽毛球等常见体育项目。通过视频教学，学生可以直观地学习到正确的运动姿势和技巧，为进一步的技能提升打下坚实的基础。教师应该充分利用慕课平台的教学资源，引导学生进行自主学习，提高他们的运动技能和体育素养。

（二）高级技能演示与分析

对于已经掌握基础技能的学生，慕课平台提供了更多高级技能的演示和技术分析，帮助他们进一步提高自己的运动水平。这些高级技能的演示和技术分析涵盖了更为复杂的技术动作和战术运用，使学生能够深入学习并掌握高级技能。

例如，在篮球项目中，慕课平台可以提供专业运动员比赛的视频，让学生通过观察专业运动员的比赛，学习到更为高级的篮球技巧和战术运用。这些视频可以展示专业运动员的传球、突破、防守等方面的技巧，帮助学生了解如何在比赛中运用高级技能。

此外，慕课平台还可以提供高级技能的专门教学视频，让学生学习到更为复杂的技术动作。这些视频可以详细讲解高级技能的技巧和要点，帮助学生更好地理解和掌握高级技能。

总之，对于已具备基础技能的学生，慕课还可以提供高级技能的演示和技术分析。通过对专业运动员比赛的剖析或高级技能的展示，学生可以学习到更为复杂的技术动作和战术运用，从而提高自己的运动水平。教师应该充分利用慕课平台的高级技能教学资源，引导学生进行深入学习，提高他们的运动技能和水平。

（三）健康与营养指导

慕课平台不仅提供体育运动技能的教学，还涵盖了关于运动健康和营养的教育内容。这些教育内容旨在帮助学生了解如何科学地进行体育锻炼，以及如何制定合理的饮食计划，从而维护身体健康和提高运动表现。

例如，在运动健康方面，慕课平台可以提供关于运动生理学、运动心理学的教学，帮助学生了解运动对身体健康的影响，以及如何通过科学锻炼来提高运动能力。此外，慕课还可以提供关于运动损伤预防和恢复的教学，让学生了解如何在运动过程中避免受伤，以及在受伤后如何进行有效的恢复。

在营养方面，慕课平台可以提供关于运动营养学的教学，帮助学生了解如何制定合理的饮食计划，以满足运动训练和比赛的需求。这些教学内容可以涵盖营养素的摄入、饮食平衡、饮食调整等方面，让学生了解如何通过合理饮食来提高运动表现和身体健康。

总之，慕课平台可以提供关于运动健康和营养的教育内容，包括如何进行科学的体育锻炼、如何制定合理的饮食计划等内容。这些教育内容对于维护学生身体健康、提高运动表现有着重要的指导意义。教师应该充分利用慕课平台的教学资源，引导学生关注运动健康和营养，帮助他们实现全面发展，提高运动水平。

（四）体育理论与历史教育

慕课平台不仅提供了体育运动技能的教学，还涵盖了体育理论和历史的教育内容。这些教育内容旨在帮助学生深入了解体育学的理论知识、体育运动的发展历史以及体育文化的多样性，拓宽他们的知识视野。

例如，在体育理论方面，慕课平台可以提供关于体育规则、运动生理学、运动心理学等方面的教学。这些教学内容可以帮助学生了解体育活动的科学原理，掌握体育学科的基本知识。

在体育运动发展历史方面，慕课平台可以介绍不同体育项目的发展历程，如篮球、足球、田径等。通过学习这些历史，学生可以了解体育运动的发展脉络，认识到体育运动在历史演变中的重要地位。

此外，慕课平台还可以提供关于体育文化的教学，让学生了解不同国家和地区体育文化的差异和多样性。这有助于学生培养国际视野，增进对不同文化的理解和尊重。

总之，除了技能学习外，慕课还可以用于体育理论和历史的教育。通过系统的课程设计，学生可以深入了解体育学的理论知识、体育运动的发展历史以及体育文化的多样性，拓宽知识视野。教师应该充分利用慕课平台的教学资源，引导学生关注体育理论和历史，帮助他们全面了解体育学科，培养体育素养。

（五）特殊主题讲座

慕课平台作为一个在线教育平台，可以提供关于运动心理学、运动生理学等特殊主题的讲座。这些讲座由领域内的专家进行授课，能够帮助学生深入理解体育运动的科学原理，提高运动效率和心理调节能力。

例如，在运动心理学方面，慕课平台可以提供关于运动动机、运动心理技巧、运动压力管理等主题的讲座。这些讲座可以帮助学生了解如何激发自己的运动动机，运用心理技巧提高运动表现，以及如何应对运动过程中的压力和挑战。

在运动生理学方面，慕课平台可以提供关于运动生理原理、运动训练计划、运动营养等方面的讲座。这些讲座可以帮助学生了解运动对身体健康的影响，如何制定科学的运动训练计划，以及如何通过合理的饮食来支持运动训练。

通过参加这些由专家授课的讲座，学生可以获得专业的知识和指导，提高自己的运动效率和心理调节能力。这些讲座可以帮助学生更好地理解体育运动的科学原理，为他们的运动训练和比赛提供有力的支持。

三、慕课教学的实施与管理

慕课在高校体育教学中的实施和管理是一个复杂但至关重要的过程。它不仅需要精心组织学习内容，还要有效地管理学生的学习过程，确保教学目标的实现。

(一) 学生学习过程的组织

首先，自学是慕课最基本的学习方式。学生可以根据自己的时间和进度安排学习，自主选择学习时间和地点。这种方式给予了学生高度的灵活性和自主性，使他们能够根据自己的需求和情况，合理安排学习计划。

其次，小组讨论可以增加学生之间的互动，促进知识的深入理解。通过小组讨论，学生可以分享自己的观点和经验，从他人那里学习和借鉴。这种方式有助于学生之间的交流和合作，提高他们的学习动力和效率。

最后，教师的在线或面对面辅导可以解决学生在学习过程中遇到的具体问题，提供个性化的学习支持。教师可以为学生提供实时的回答和反馈，帮助他们解决学习过程中遇到的疑问和困难。这种方式有助于学生获得个性化的指导和支持，提高他们的学习效果。

总之，为了最大化慕课的教学效果，学生在学习过程中需要采取多种形式。自学、小组讨论和教师的在线或面对面辅导等多元化的学习形式，可以增强学生的学习动力和效率，促进知识和技能的掌握。教师应该充分利用这些学习形式，引导学生进行有效的学习，提高他们的学习效果和能力。

（二）学习进度与成效的跟踪评估

在慕课教学中，为了确保学习效果，提供有效的进度跟踪和成效评估机制至关重要。这些机制可以帮助教师和学生实时了解学习状态，及时调整教学策略和学习计划。

首先，在线测试是评估学生学习成效的有效手段。通过在线测试，教师可以了解学生对知识点的掌握程度，发现学生的问题和困难。在线测试可以包括选择题、填空题、简答题等多种形式，教师可以根据学生的答题结果，给出具体的评价和反馈。

其次，作业提交也是评估学生学习成效的重要方式。教师可以布置一些与课程内容相关的作业，让学生进行实践操作和思考。通过作业提交，教师可以了解学生对课程内容的掌握程度，并提供具体的评价和反馈。

最后，技能展示也是评估学生学习成效的一种方式。在慕课中，教师可以设置一些技能展示任务，让学生展示自己的运动技能。通过技能展示，教师可以了解学生对技能的掌握程度，并提供具体的评价和反馈。

这些评估结果不仅可以作为教师调整教学策略的依据，也可以作为学生自我评价的依据。学生可以通过这些评估结果，了解自己的学习进展，发现自己的问题和困难。基于这些评估结果，学生可以及时调整学习计划，提高学习效果。

总之，为了确保学习效果，慕课平台需要提供有效的进度跟踪和成效评估机制。通过在线测试、作业提交和技能展示等方式，教师可以实时了解学生的学习状态，并及时调整教学策略。同时，这些评估结果也可以作为学生自我评价的依据，帮助他们了解自己的学习进展，及时调整学习计划。教师应该充分利用这些评估机制，优化慕课教学，提高学生的学习效果和体验。

（三）学习社区的建设与管理

在慕课教学中，建立一个积极的学习社区对于提高学生的学习兴趣和促进知识共享至关重要。慕课平台可以通过以下方式建立和维护一个积极的学习社区：

①利用论坛和讨论组：慕课平台可以设立在线论坛和讨论组，让学生在上面发表自己的观点、提问、分享学习心得和经验。这种方式可以促进学生之间的交流和讨论，让学生相互学习和借鉴。教师和学习顾问也可以参与这些讨论，并提供反馈和建议，帮助学生更好地理解和掌握知识。

②教师和学习顾问的积极参与：教师和学习顾问在社区中的积极参与对于提供专业指导和答疑非常重要。他们可以回答学生的问题，提供学习资源和建议，帮助学生解决问题和困难。这种方式可以增强社区的学习支持功能，提高学生的学习效果。

③良好的社区管理：良好的社区管理对于维护学习社区的秩序和营造一个互帮互助的学习环境至关重要。慕课平台可以设立社区管理员，负责管理论坛和讨论组的秩序，确保学生之间的交流和讨论是积极和有益的。同时，社区管理员还可以组织一些社区活动，促进学生之间的互动和合作。

总之，建立一个积极的学习社区对于提高学生的学习兴趣和促进知识共享非常重要。慕课平台可以利用论坛、讨论组等工具，鼓励学生之间交流和讨论，分享学习经验和心得。教师和学习顾问在社区中的积极参与可以提供专业指导和答疑，增强社区的学习支持功能。良好的社区管理不仅能够维护学习社区的秩序，还可以营造一个互帮互助的学习环境。教师应该充分利用慕课平台的学习社区功能，引导学生进行有效的学习交流和知识共享，提高他们的学习效果和体验。

四、慕课教学效果的评估与反馈

在慕课的体育教学中，评估与反馈机制是提高教学质量和促进学生学习的关键环节。有效的评估方法和实时的反馈可以帮助教师和学生了解教学和学习的效果，为课程的持续优化提供依据。

（一）教学成效的评价方法

在慕课教学中，评价教学成效是至关重要的。它可以帮助教师了解学生的学习情况，评估教学效果，并为学生提供反馈。评价可以通过多种方式进行，包括：

①在线考试：在线考试是评估学生对体育理论知识掌握程度的一种有效方式。教师可以设计一些关于体育规则、运动生理学、运动营养学等方面的在线考试题目，让学生在规定时间内完成。通过分析学生的答题结果，教师可以了解学生对理论知识的掌握程度，评估教学效果。

②作业提交：作业提交也是评估学生学习成效的重要方式。教师可以布置一些与课程内容相关的作业，让学生进行实践操作和思考。通过作业提交，教师可以了解学生对课程内容的掌握程度，并提供具体的评价和反馈。

③实践操作的视频录制：实践操作的视频录制是评估学生技能学习和应用情况的有效方式。学生需要录制自己完成某项体育技能操作的视频，并提交给教师。通过观看视频，教师可以直观地了解学生对技能的掌握程度，评估教学效果。

这些评价方法结合起来，可以全面评估学生的学习成效。它们可以帮助教师了解学生在知识理解、技能掌握和实践应用等方面的表现。通过全面评估，教师可以更好地了解学生的学习情况，评估教学效果，并为学生提供有针对性的反馈和建议。

（二）学生满意度与学习体验的调查

1. 学习满意度

（1）课程内容

在调查中，大多数学生对慕课提供的课程内容表示满意。他们认为课程覆盖了广泛的主题，不仅包括传统学科，如数学和文学，还有编程、数据科学等新兴领域。学生特别赞赏课程内容的实时更新，这让他们能够接触到最新的知识和技术。然而，也有部分学生提出，某些课程的深度和难度未能完全满足他们的学习需求，建议开设更多高级课程。

（2）互动交流

互动交流是影响学生满意度的另一重要因素。绝大部分学生认为慕课平台上的讨论区和互动工具增强了学习体验，使他们能够与来自世界各地的同学和教师进行交流。通过这些交流，学生能够更深入地理解课程内容，并获得即时的反馈。然而，也有反馈指出，部分课程的互动频率不高，建议增加更多实时在线讲座和问答环节。

（3）学习资源

关于学习资源，学生普遍表示慕课平台提供的资料丰富，包括视频讲座、阅读材料和习题等，这些资源对于理解课程内容极为有帮助。一些学生还提到了平台上的附加资源，如推荐阅读和外部链接，为他们提供了进一步深入学习的机会。尽管如此，部分学生提出希望增加更多的案例研究和实践项目，以提升学习的实用性和互动性。

（4）平台易用性

在平台易用性方面，大多数学生对慕课平台的用户界面和导航表示满意，认为它们直观易用，有助于高效学习。学生特别赞扬了平台的移动兼容性，能够在不同设备上无缝学习。然而，也有反馈指出一些平台的加载速度慢，以及偶尔出现的技术故障，建议平台方面进行优化和改进。

2. 学习体验

（1）学习动机

学生的学习动机在很大程度上受到慕课学习体验的影响。调查显示，灵活的学习时间、丰富多样的课程选择以及知识更新的速度是激发学生学习动力的主要因素。通过慕课，学生能够根据自己的兴趣和职业发展需求，选择合适的课程进行学习，这极大地提高了他们的学习积极性。

（2）学习支持

在学习支持方面，学生反映获得的支持对于完成课程至关重要。这包括教师的反馈、学习顾问的指导以及同学之间的帮助。尽管大多数学生对提供的支持表示满意，但也有一部分学生建议增加更多的个性化学习支持，如定制的学习计划和进度跟踪，以帮助他们更有效地达成学习目标。

（3）个性化学习体验

个性化学习体验是提高学习满意度和效果的关键。许多学生赞赏慕课平台提供的个性化选项，如根据学习进度推荐课程和资源，这使得学习体验更加贴合个人需求。然而，也有学生提出希望增强个性化功能，比如通过使用人工智能技术来分析学习行为和成绩，以提供更加定制化的学习建议和资源。

（三）教学反馈的收集与分析

在慕课教学中，教学过程中的即时反馈对于持续优化课程内容和教学方法至关重要。它可以帮助教师及时了解教学活动的效果，发现存在的问题，从而调整教学计划，改进教学内容和方法，提升教学质量。

首先，慕课平台应设立反馈通道，鼓励学生、同行和教育专家提出宝贵的意见和建议。这些反馈可以帮助教师了解学生、同行和教育专家对教学活动的看法和需求，发现教学中存在的问题和不足。

其次，教师应定期收集和分析这些反馈。通过收集和分析反馈，教师可以及时了解教学活动的效果，发现存在的问题，并根据反馈调整教学计划，改进教学内容和方法。

例如，教师可以根据学生的反馈，调整教学内容的难易程度、教学方法和教学进度。对于学生反映难以理解的部分，教师可以提供更多的解释和示例，帮助学生更好地理解和掌握知识；对于学生反映需要加强的部分，教师可以增加相关的练习和案例，提高学生的实践能力。

最后，教师还可以根据同行和教育专家的反馈，改进教学方法和技术手段。例如，教师可以尝试采用新的教学方法和技术手段，如虚拟现实、增强现实等，提高教学的互动性和趣味性。

总之，教学过程中的即时反馈是持续优化课程内容和教学方法的基础。慕课平台应设立反馈通道，鼓励学生、同行和教育专家提出宝贵的意见和建议。通过定期收集和分析这些反馈，教师可以及时了解教学活动的效果，发现存在的问题，进而调整教学计划，改进教学内容和方法，提升教学质量。教师应该注重收集和分析反馈，并根据反馈优化教学，提高教学效果和学生的学习体验。

第三节　翻转课堂在高校体育教学中的应用

在当今教育改革的浪潮中，翻转课堂模式凭借其创新的教学理念，成为教育领域的一个热点话题。翻转课堂模式是一种颠覆传统教学模式的新型教育方法，其基本理念是将传统课堂上的讲授和课后的作业过程进行翻转。学生在课前通过观看视频、阅读材料等方式自主学习，课堂时间则用于讨论、实践和深入理解。

翻转课堂在体育教学中的引入，开辟了一条提升教学效果、增强学生参与度的新途径。通过将理论知识的自主学习前置，课堂时间可以更多地用于技能的实践操作、技术的讨论和问题的解决，从而深化学生的学习体验，提高学习效率。此外，翻转课堂还能促进学生之间的互动和合作，为学生提供更多展示自我、互相学习的机会，这对于培养学生的团队协作能力和沟通技巧具有重要价值。

一、翻转课堂模式的设计与实施

（一）课前视频与材料的准备

翻转课堂模式是一种将传统课堂的教学顺序进行颠覆的教学模式。在这种模式下，教师将原本应在课堂上讲授的教学内容转移到课前，通过视频和在线学习材料的形式，让学生在家自学。课堂上，教师则将更多的时间用于与学生互动、讨论和实践。

例如，对于篮球课程，教师可以准备以下课前视频与学习材料：

①运球、传球和投篮技巧的演示视频：这些视频可以展示正确的运球、传球和投篮技巧，帮助学生在家自学这些基本技能。

②篮球规则和比赛策略的理论讲解材料：这些材料可以包括篮球的基本规则、比赛策略等方面的理论知识，帮助学生了解篮球比赛的基本规则和

策略。

　　这些材料应简洁明了，便于学生在家自学。教师应该采用清晰、易懂的语言和演示，确保学生能够理解并掌握这些知识和技能。

　　总之，在高校体育教学中实施翻转课堂模式，首先需要教师精心设计和准备课前的视频与学习材料。这些材料应涵盖技能的演示视频、理论知识的讲解等，旨在帮助学生在课前对即将学习的内容有一个初步的理解和掌握。教师应该注重课前视频与学习材料的设计和准备，确保学生能够在家自学，为课堂上的互动和实践打下基础。

（二）学生课前自学的引导与支持

　　在翻转课堂模式中，课前自学是学生学习的重要环节。为了确保学生能够有效地进行课前自学，教师需要提供明确的学习任务和可能的讨论问题。

　　首先，教师应该为学生提供具体的学习任务。这些任务应该明确、具体，并且与课堂内容紧密相关。例如，在篮球课程中，教师可以要求学生在观看篮球技能演示视频后，记录下自己认为重要的技巧要点，以及自己在观看过程中产生的疑问。

　　其次，教师还可以为学生提供可能的讨论问题。这些问题应该能够激发学生的思考和探究欲望，引导他们深入思考课程内容。例如，在篮球课程中，教师可以要求学生在课堂上分享自己对篮球技巧的理解，以及自己在观看视频过程中遇到的问题。

　　通过提供明确的学习任务和可能的讨论问题，教师可以帮助学生更好地进行课前自学。学生可以依据这些任务和问题，有目的地观看视频，深入理解课程内容。同时，这些任务和问题还可以激发学生的思考和探究欲望，提高他们的学习兴趣和主动性。

　　总之，为了确保学生能够有效地进行课前自学，教师需要提供明确的学习任务和可能的讨论问题。这些任务和问题不仅指导学生如何学习，还激发他们的思考和探究欲望。教师应该根据课程内容，精心设计学习任务和讨论问题，引导学生进行有效的课前自学，为课堂上的互动和实践打下基础。

(三) 课堂活动的组织

在翻转课堂模式中，课堂内的活动是学生深入学习的关键。教师需要根据学生的课前自学情况进行有针对性的组织，以提高学生的学习效果和能力。

首先，课堂上可以进行技能的实践操作。教师可以根据学生在课前自学的反馈，设计一些实践操作活动，让学生在教师的指导下练习并改进技术。这些活动可以包括技能的演示、练习和反馈等环节，帮助学生将理论知识转化为实际操作，提高技能的掌握程度。

其次，教师可以组织小组讨论，让学生分享自己的学习心得和疑问。小组讨论可以促进学生之间的交流和合作，让学生互相学习和启发。教师可以引导学生讨论课前自学的内容，分享自己的理解、疑问和经验，互相提供反馈和建议。这种方式可以加深学生对体育知识和技能的理解，提高他们的学习效果。

最后，教师还可以通过案例分析等方式，深入探讨技巧的应用和运动策略。案例分析可以帮助学生将理论知识与实际情境相结合，提高学生的理解和应用能力。教师可以选择一些典型的案例，让学生分析技巧的应用和运动策略的运用，从中学习和借鉴。这种方式可以培养学生的批判性思维和解决问题的能力。

总之，课堂内的活动是翻转课堂模式的核心。教师需要根据学生的课前自学情况进行有针对性的组织，包括技能的实践操作、小组讨论和案例分析等。通过这些活动，不仅能够加深学生对体育知识和技能的理解，还能培养他们的批判性思维和解决问题的能力。教师应该注重课堂内活动的设计和组织，充分利用翻转课堂的优势，提高学生的学习效果和能力。

二、翻转课堂在体育技能学习中的应用

在高校体育教学中，翻转课堂模式的应用为技能学习提供了新的可能性。以下将从三个方面探讨翻转课堂在体育技能学习中的应用。

（一）技能学习与掌握：课前视频预习与课堂内实践相结合

翻转课堂模式颠覆了传统教学的顺序，将原本应在课堂上讲授的教学内容转移到课前，让学生在家通过视频和在线学习材料自学。课堂上，教师则将更多的时间用于与学生互动、讨论和实践。

例如，在篮球课程中，教师可以准备关于运球、传球和投篮技巧的视频，让学生在课前自学。这些视频可以展示正确的运球、传球和投篮技巧，帮助学生在家自学这些基本技能。

课堂上，教师则组织学生进行运球、传球和投篮的练习，并提供即时反馈和指导。教师可以根据学生在课前自学的反馈，设计一些实践操作活动，让学生在教师的指导下练习并改进技术。这些活动可以包括技能的演示、练习和反馈等环节，帮助学生将理论知识转化为实际操作，提高技能的掌握程度。

通过这种方式，学生能够在实践中加深对技能的理解和掌握。他们可以在教师的指导下，反复练习运球、传球和投篮技巧，并根据教师的反馈进行调整和改进。这种方式不仅能够提高学生的技能水平，还能够培养他们的自主学习和解决问题的能力。

总之，在翻转课堂模式下，学生通过观看课前视频预习新知识，课堂时间则用于实践操作和讨论。教师可以根据学生的课前自学情况，设计有针对性的实践活动，让学生在教师的指导下练习并改进技术。这种方式不仅能够加深学生对技能的理解和掌握，还能够培养他们的自主学习和解决问题的能力。教师应该充分利用翻转课堂的优势，创新教学方法，为学生的全面发展提供有力的支持。

（二）技能提升与深化：分组合作与个别指导相结合

在翻转课堂模式下，教师可以组织学生进行分组合作，共同完成技能提升和深化任务。这种方式可以促进学生之间的交流和合作，增强学生的批判性思维和评价能力。

例如，在篮球课程中，教师可以将学生分成小组，要求他们共同设计和完成一项篮球战术训练。学生可以在小组内部分享自己的理解和经验，互相学习和启发。通过这种方式，学生可以相互借鉴和学习，从而提高自己的技能水平。

此外，教师还可以针对每个学生的特点和需求，提供个别指导。例如，教师可以观察每个学生的运球和投篮技巧，并提供针对性的建议和指导。这种个别指导可以帮助学生针对自己的不足进行改进，从而提高技能水平。

通过分组合作和个别指导相结合的方式，学生能够在技能提升和深化方面取得更好的效果。分组合作可以促进学生之间的交流和合作，提高学生的团队协作能力。个别指导则可以帮助学生针对自己的不足进行改进，提高技能水平。

（三）技能应用与竞赛：模拟比赛与真实竞赛相结合

在翻转课堂模式下，教师可以通过组织模拟比赛和真实竞赛，提高学生的技能应用能力。这种方式可以让学生在实际情境中锻炼和提升技能，培养他们的竞赛能力和心理素质。

模拟比赛可以为学生提供一个模拟的运动环境，让他们在类似实际比赛的情境中练习和应用技能。例如，在篮球课程中，教师可以设计一场模拟的篮球比赛，让学生在比赛中运用所学的技能和战术。这种方式可以让学生在安全、可控的环境中锻炼和提升技能，降低比赛中的风险和压力。

真实竞赛则可以让学生在实际比赛中体验和应用技能，提高他们的竞赛能力和心理素质。例如，教师可以组织学生参加校内外篮球比赛，让学生在实际比赛中锻炼和提升技能。真实竞赛可以让学生面临真实的比赛压力和挑战，培养他们的应对能力和心理素质。

通过模拟比赛与真实竞赛相结合的方式，学生能够在技能应用方面得到全面的锻炼和提升。他们可以在模拟比赛中锻炼和提升技能，降低比赛中的风险和压力。同时，真实竞赛可以培养他们的竞赛能力和心理素质，提高他们的应对能力和心理素质。

总之，在翻转课堂模式下，教师可以通过组织模拟比赛和真实竞赛，提高学生的技能应用能力。这种方式可以让学生在实际情境中锻炼和提升技能，培养他们的竞赛能力和心理素质。通过模拟比赛与真实竞赛相结合的方式，学生能够在技能应用方面得到全面的锻炼和提升。教师应该充分利用翻转课堂的优势，创新教学方法，为学生的全面发展提供有力的支持。

综上所述，翻转课堂在高校体育教学中的应用为技能学习提供了新的可能性。通过课前视频预习与课堂内实践相结合、分组合作与个别指导相结合、模拟比赛与真实竞赛相结合的方式，学生能够在技能学习、提升和应用方面取得更好的效果。教师应该充分利用翻转课堂的优势，创新教学方法，为学生的全面发展提供有力的支持。

三、翻转课堂在体育理论知识学习中的应用

（一）理论知识的自主学习

在翻转课堂模式下，学生通过线上资源自主学习体育理论知识。这种方式可以让学生在家自主安排学习时间和进度，提高学习效率。

教师可以为学生提供丰富的线上学习资源，如视频教程、电子书籍、在线测试等。这些资源可以帮助学生在家自学，对即将学习的内容有一个初步的理解和掌握。

例如，在篮球课程中，教师可以为学生提供关于篮球规则、运动生理学、运动营养学等方面的线上学习资源。这些资源可以让学生在家自主学习篮球理论知识，为课堂上的讨论和实践打下基础。

学生可以在课前通过这些资源自主学习理论知识，了解篮球规则、运动生理学和运动营养学等方面的知识。在课堂上，学生可以与教师和其他学生分享自己的学习心得和疑问，进行讨论和实践。

通过这种方式，学生可以在课前自主学习理论知识，为课堂上的讨论和实践打下基础。同时，教师可以根据学生的自学情况，设计有针对性的实践活动，让学生在教师的指导下练习并改进技术。

总之，翻转课堂模式可以让学生在家自主安排学习时间和进度，提高学习效率。通过自主学习和课堂讨论相结合的方式，学生可以在理论知识和实践技能方面取得更好的效果。教师应该充分利用翻转课堂的优势，创新教学方法，为学生的全面发展提供有力的支持。

（二）理论与实践的结合：通过课堂讨论与实践活动深化理解

在翻转课堂模式下，课堂上的时间主要用于讨论和实践。这种方式可以促进学生之间的交流和合作，增强学生的批判性思维和评价能力。

教师可以组织学生进行课堂讨论，分享自己在线上学习理论知识时的体会和疑问。这种方式可以促进学生之间的交流和合作，互相学习和启发。通过课堂讨论，学生可以分享自己的体会和疑问，并互相提供反馈和建议。这种方式可以加深学生对体育理论知识的理解，提高他们的学习效果。

此外，教师还可以设计一些实践活动，让学生在实际操作中深化对理论知识的理解。例如，在篮球课程中，教师可以组织学生进行篮球比赛，让学生在比赛中实际运用所学的理论知识，提高他们的实践能力。通过实践活动，学生可以将理论知识与实际情境相结合，提高他们的理解和应用能力。

（三）知识的应用与拓展：通过案例分析与项目研究应用理论知识

在翻转课堂模式下，教师可以通过组织案例分析和项目研究，让学生将所学的理论知识应用到实际中。这种方式可以培养学生的研究能力和创新思维，拓宽他们的知识视野。

案例分析可以帮助学生将理论知识与实际情境相结合，提高学生的理解和应用能力。例如，在篮球课程中，教师可以选择一些典型的篮球比赛案例，让学生分析比赛中的战术运用和运动员的表现。通过分析这些案例，学生可以更深入地理解篮球比赛的策略和技巧，提高他们的篮球素养。

项目研究则可以让学生深入探讨某一方面的理论知识，如篮球运动训练方法、运动营养等。在项目研究中，学生需要自主收集资料、分析数据、得出结论。这种方式可以培养学生的研究能力和创新思维，让他们在实际操作中运用所学的理论知识。

通过组织案例分析和项目研究，教师可以让学生将所学的理论知识应用到实际中。这种方式可以培养学生的研究能力和创新思维，拓展他们的知识视野。学生可以在实际情境中锻炼和提升技能，提高他们的理解和应用能力。

第六章　现代高校体育教学模式创新

第一节　游戏教学模式在高校体育教学中的实践运用

在当今的教育领域，游戏教学模式已经成为一种受到广泛关注和应用的教学策略。这种模式通过将游戏元素和原理融入教学过程中，旨在提高学生的学习动机，促进学生积极参与到学习活动中来，从而达到更好的教学效果。

一、游戏教学模式概述

（一）游戏教学模式的定义与特点

游戏教学模式是指在教学活动中引入游戏设计的元素，如角色扮演、故事情节、竞赛机制等，以提高学生的学习兴趣和参与度。这种模式的核心特点是以学生为中心，强调学习过程的趣味性和互动性。它不仅能够激发学生的学习热情，还能通过游戏活动中的任务挑战，促进学生在解决问题的过程中发展相应的知识和技能。

（二）游戏教学模式的重要性

在高校体育教学中，游戏教学模式的引入尤为重要。体育课程本身就具有较强的实践性和体验性，而游戏教学模式能够进一步增加体育教学的趣味性和互动性，使学生在轻松愉悦的氛围中积极参与体育活动。这不仅有助于提升学生的体育技能和身体素质，还能培养学生的团队合作精神、竞争意识和公平正义感，从而实现体育教学的综合教育目标。

此外，随着教育技术的发展，数字化游戏也为体育教学提供了新的可能。通过引入虚拟现实（VR）、增强现实（AR）等技术，可以让学生在虚拟环境中进行体育学习和训练，这不仅能提供更加安全和控制的学习环境，还能根据学生的学习进度和需要，提供个性化的学习路径和反馈，从而更有效地促进学生的技能掌握和知识理解。

综上所述，游戏教学模式在高校体育教学中的应用具有重要的理论和实践价值，它能够有效提升教学效果，增强学生的学习动机和体验感，是当前和未来体育教学创新的重要方向。

二、游戏教学模式的理论基础

（一）教育游戏理论的概述

教育游戏理论强调在学习过程中融入游戏元素，以提升学习的趣味性和效率。在体育教学领域，这种理论的应用旨在通过设计有趣的游戏活动，使学生在轻松愉快的环境中达到身体锻炼的目的。游戏不仅可以激发学生的参与兴趣，还能促进其身体技能、战略思维和团队合作精神的发展。

（二）游戏教学与传统体育教学的比较

相比于传统的体育教学模式，游戏教学更加强调学生主体性和互动性。在传统模式下，教师通常扮演主导角色，而学生则是被动接受知识和技能训练的对象。而游戏教学模式通过引入竞赛和合作的游戏环节，使学生在参与过程中主动探索和学习，从而增强了学习的主动性和互动性。此外，游戏教学能够为学生提供即时反馈，帮助他们及时调整学习策略和行为，进而更有效地掌握技能。

（三）游戏教学模式对学生体育学习动机的影响

游戏教学模式对提高学生的体育学习动机有显著影响。通过设计符合学生兴趣和能力水平的游戏，可以激发学生的好奇心和探索欲，使他们在享受游戏乐趣的同时达到学习目的。此外，游戏中的竞争和团队合作元素能够增强学生的参与感和成就感，进一步提升他们的学习动机。研究表明，当学生感觉到学习过程既有挑战性又能带来成功体验时，他们的学习动机会极大增强，从而更积极地参与体育活动，达到更好的学习效果。

三、游戏教学模式的设计原则

在高校体育教学中，游戏教学模式是一种有效提高学生学习兴趣和参与度的教学方法。以下将从三个方面探讨游戏教学模式的设计原则。

（一）游戏设计与教学目标相结合

游戏教学模式的设计应紧密结合教学目标，确保游戏能够有效促进学生对体育知识和技能的掌握。教师在设计游戏时，应充分考虑课程的教学目标，将游戏内容与教学目标相结合。例如，在篮球课程中，教师可以设计一些关于运球、传球和投篮技巧的游戏，以帮助学生更好地掌握这些基本技能。

（二）确保游戏教学活动的多样性与趣味性

游戏教学模式应注重活动的多样性与趣味性，以吸引学生的兴趣和参与度。教师可以设计不同类型的游戏，如竞技类、合作类、智力类等，以满足不同学生的需求和兴趣。同时，教师还应注重游戏的设计和实施，确保游戏活动具有趣味性和挑战性，激发学生的学习动力。例如，在篮球课程中，教师可以组织学生进行篮球比赛、篮球接力等不同类型的游戏，以增加课堂的趣味性和互动性。

（三）游戏难度的适宜性与递进性

游戏教学模式应考虑游戏的难度适宜性与递进性，以适应不同学生的能力和水平。教师应根据学生的年龄、性别、体能等因素，合理设计游戏难度，确保游戏既具有一定的挑战性，又不会过于困难，导致学生失去兴趣。同时，教师还应考虑游戏的递进性，根据学生的学习进度和能力，逐步提高游戏难度，让学生在游戏中不断提升自己的能力。例如，在篮球课程中，教师可以设计一些从简单到复杂的篮球游戏，让学生逐步提高自己的技能水平。

总之，高校体育教学中的游戏教学模式应遵循设计原则，包括游戏设计与教学目标的结合、确保游戏教学活动的多样性与趣味性以及游戏难度的适宜性与递进性。通过合理设计游戏教学活动，教师可以提高学生的学习兴趣和参与度，促进学生的全面发展。教师应该注重游戏教学模式的设计，不断创新和优化教学方法，为学生的体育学习提供更多乐趣和动力。

四、游戏教学模式在体育教学中的应用实例

游戏教学模式在高校体育教学中的应用具有广泛的可能性。以下将从三个方面探讨游戏教学模式在体育教学中的应用实例。

（一）技能学习类游戏应用

技能学习类游戏可以让学生在轻松愉快的氛围中掌握基础体育技能。例如，在篮球课程中，教师可以将运球、传球和投篮技巧设计成游戏，让学生在游戏中自然地学习和掌握这些基本技能。通过游戏化的学习，学生可以在实践中提高技能水平，增加学习的趣味性。

（二）知识理解类游戏应用

知识理解类游戏可以帮助学生更好地理解和掌握体育理论知识。例如，在篮球课程中，教师可以设计一些关于篮球规则的互动式游戏，让学生在游戏中学习篮球规则，并通过实际操作加深对规则的理解。这种互动式学习可以提高学生对体育理论知识的学习兴趣和效果。

（三）健身与体能训练类游戏应用

健身与体能训练类游戏可以将健身和体能训练融入到游戏之中，让学生在游戏中锻炼身体，提高体能。例如，教师可以设计一些健身挑战类游戏，

如跳绳比赛、跑步接力等，让学生在游戏中锻炼身体，增强体质。这种寓教于乐的方式可以提高学生对健身和体能训练的兴趣和参与度。

总之，游戏教学模式在高校体育教学中的应用具有广泛的可能性。通过技能学习类游戏、知识理解类游戏和健身与体能训练类游戏的合理设计，教师可以提高学生的学习兴趣和参与度，促进学生的全面发展。教师应该注重游戏教学模式的应用，不断创新和优化教学方法，为学生的体育学习提供更多乐趣和动力。

第二节　程序教学模式在高校体育教学中的策略实践

程序教学模式是一种以学生为中心的教学方法，强调学生自主学习、逐步掌握知识和技能的过程。在高校体育教学中，程序教学模式的应用具有重要意义。通过程序教学，教师可以更好地关注学生的个体差异，提高学生的学习效果，培养学生的自主锻炼能力，推动体育教学改革。教师应该注重程序教学模式的应用，创新教学方法，为学生的全面发展提供有力的支持。

一、程序教学模式概述

（一）程序教学模式的定义与特征

程序教学模式是一种以学生为中心的教学方法，其核心在于引导学生自主学习、逐步掌握知识和技能。该模式的特点包括：

①循序渐进：程序教学模式强调知识的系统性和连贯性，通过逐步深入的方式引导学生掌握知识和技能。

②明确目标：在程序教学模式中，教师为学生设定明确的学习目标，使学生能够有针对性地进行学习。

③自主学习：程序教学模式鼓励学生自主探索、主动学习，培养学生的独立思考和创新能力。

④即时反馈：在程序教学模式中，教师为学生提供及时的反馈，帮助学生了解自己的学习进度和效果，调整学习策略。

（二）程序教学模式在高校体育教学中的应用背景

在高校体育教学中，程序教学模式的应用具有以下背景：

①个性化教学需求：基于学生体质和运动能力的差异，程序教学模式能够满足学生个性化学习的需求，使每个学生都能在体育学习中得到关注和发展。

②提高学习效果：程序教学模式强调循序渐进、明确目标、自主学习和即时反馈，有助于提高学生的学习效果，培养学生的体育素养。

③培养自主锻炼能力：程序教学模式注重培养学生的自主学习和锻炼能力，使学生能够在课堂之外继续进行有效的体育锻炼，提高身体素质。

④适应体育课程改革：随着高校体育课程改革的深入推进，程序教学模式作为一种创新的教学方法，有助于推动体育教学改革，提高教学质量。

二、程序教学模式的理论基础

程序教学模式是一种以学生为中心的教学方法，其理论基础涉及教育心理学、认知心理学等多个领域。以下将从三个方面探讨程序教学模式的理论基础。

（一）程序教学模式的教育心理学基础

程序教学模式的教育心理学基础主要源于行为主义学习理论和认知学习理论。行为主义学习理论认为，学习是一个渐进的过程，通过刺激和反应的重复，学生可以逐步形成稳定的行为模式。认知学习理论则强调学生的主动性和认知过程，认为学习是学生在原有知识体系的基础上，通过同化和顺应等方式构建新的认知结构的过程。程序教学模式结合了这两种理论的优势，强调学生的自主学习、逐步掌握知识和技能的过程。

（二）程序教学模式与传统教学模式的区别和联系

程序教学模式与传统教学模式在教学理念、教学方法和教学过程等方面存在一定的区别和联系。区别主要体现在以下几个方面：

①教学理念：程序教学模式以学生为中心，强调学生的自主学习、逐步掌握知识和技能的过程；而传统教学模式则以教师为中心，注重知识的传授和学生的被动接受。

②教学方法：程序教学模式采用循序渐进、明确目标、自主学习和即时反馈等方法，引导学生主动学习；传统教学模式则更多采用讲授、示范等方法，教师主导课堂。

③教学过程：程序教学模式注重学生的实际操作和体验，让学生在实践中逐步掌握知识和技能；传统教学模式则更注重理论知识的传授，课堂实践相对较少。

尽管存在这些区别，程序教学模式与传统教学模式也有联系，如都注重教师的主导作用、学生的参与度等。程序教学模式在传统教学模式的基础上，进一步强调了学生的自主性和实践性，以提高教学效果。

（三）程序教学模式对提高教学效率的理论支持

程序教学模式对提高教学效率具有重要的理论支持。程序教学模式通过以下几个方面提高教学效率：

①明确目标：程序教学模式强调设定明确的学习目标，使学生能够有针对性地进行学习，提高学习效果。

②循序渐进：程序教学模式通过逐步深入的方式引导学生掌握知识和技能，避免学习过程中的困难和挫折，提高学习效率。

③自主学习：程序教学模式鼓励学生自主探索、主动学习，培养学生的独立思考和创新能力，提高学习效果。

④即时反馈：程序教学模式为学生提供及时的反馈，帮助学生了解自己的学习进度和效果，调整学习策略，提高学习效率。

总之，程序教学模式的理论基础涉及教育心理学、认知心理学等多个领域。传统教学模式与程序教学模式相比，在教学理念、教学方法和教学过程等方面都存在一定的区别和联系。程序教学模式对提高教学效率具有重要的理论支持，有助于培养学生的自主学习能力和实践能力，提高体育教学效果。教师应该注重程序教学模式的应用，创新教学方法，为学生的全面发展提供有力的支持。

三、程序教学模式的设计与开发

在高校体育教学中，程序教学模式的设计与开发是提高教学效果的关键。以下将从三个方面探讨程序教学模式的设计与开发。

（一）确定教学目标与教学内容的程序化

确定教学目标与教学内容的程序化是程序教学模式设计的基础。教师应根据课程要求和学生的实际情况，设定明确、具体的教学目标。教学目标应具有可操作性和可评估性，以便于教师和学生了解教学的方向和重点。

在确定教学内容时，教师应遵循由易到难、由浅入深的原则，将教学内容划分为若干个模块或单元。每个模块或单元都应具有明确的学习目标，并与整个课程的教学目标相衔接。这样可以帮助学生系统地掌握知识和技能，提高学习效果。

（二）设计适宜的教学步骤与教学反馈系统

教学步骤的设计是程序教学模式的关键环节。教师应根据教学目标和学生特点，设计合理、有序的教学步骤。教学步骤应包括：

①引入新知识：教师应通过生动、有趣的方式引入新知识，激发学生的学习兴趣。

②知识讲解与示范：教师应详细讲解知识点，并进行示范，帮助学生理解和掌握。

③实践操作：教师应组织学生进行实践操作，让学生在实践中逐步掌握

知识和技能。

④反馈与评价：教师应为学生提供及时的反馈，评价学生的学习效果，帮助学生了解自己的学习进度和存在的问题。

此外，建立一个有效的教学反馈系统也非常重要。教师应通过多种途径收集学生的反馈信息，如课堂观察、作业批改、测试评价等。根据反馈信息，教师可以及时调整教学策略，提高教学效果。

（三）教学媒介与教学资源的开发和利用

教学媒介与教学资源的开发和利用是程序教学模式设计的重要内容。教师应根据教学目标和教学内容，选择合适的多媒体教学资源，如视频、图片、动画等。这些教学资源可以丰富教学手段，增强教学的生动性和趣味性，提高学生的学习兴趣。

此外，教师还应充分利用网络资源，如在线课程、教学论坛等，为学生提供丰富的学习资料。网络资源可以拓宽学生的知识视野，满足学生的个性化学习需求。

总之，程序教学模式的设计与开发是提高高校体育教学效果的关键。教师应注重确定教学目标与教学内容的程序化、设计适宜的教学步骤与教学反馈系统以及教学媒介与教学资源的开发和利用。通过合理设计和开发程序教学模式，教师可以提高学生的学习兴趣和参与度，促进学生的全面发展。教师应该注重程序教学模式的设计与开发，不断创新和优化教学方法，为学生的体育学习提供更多乐趣和动力。

四、程序教学模式的实施策略

在高校体育教学中，程序教学模式的实施需要采取一系列策略，以提高教学效果和学生的学习体验。以下将从三个方面探讨程序教学模式的实施策略。

（一）分层次教学：根据学生体育能力和知识水平的分类指导

分层次教学是根据学生的体育能力和知识水平进行分类指导的教学策略。在程序教学模式中，教师应根据学生的实际情况，将学生分为不同层次，并制定相应的教学目标和教学计划。

例如，在篮球课程中，教师可以将学生分为初级、中级和高级三个层次。对于初级层次的学生，教师应注重基础技能的培养，如运球、传球和投篮；对于中级层次的学生，教师应提高技能的难度，如防守、进攻和战术运用；对于高级层次的学生，教师可以组织他们参加校内外比赛，提高他们的竞技水平。

通过分层次教学，教师可以针对不同层次的学生制定合适的教学计划，使每个层次的学生都能在体育学习中得到关注和发展。

（二）个性化学习：通过程序教学满足学生的个别差异

个性化学习是通过程序教学满足学生个别差异的教学策略。在程序教学模式中，教师应关注学生的个体差异，根据学生的兴趣、能力和需求，提供个性化的教学内容和指导。

例如，在篮球课程中，教师可以为学生提供不同类型的训练项目，如进攻训练、防守训练和特殊技能训练。学生可以根据自己的兴趣和特长选择合适的训练项目，提高自己的技能水平。

通过个性化学习，教师可以满足学生的个别差异，使每个学生都能在体育学习中得到关注和发展。

（三）自主学习与反馈：强化学生的自我学习能力和自我评价

自主学习与反馈是通过程序教学强化学生自我学习能力和自我评价的教学策略。在程序教学模式中，教师应鼓励学生自主学习，培养学生的独立思考和创新能力。

例如，在篮球课程中，教师可以组织学生进行自主训练，让学生自己制订训练计划，并在训练过程中进行自我评价和调整。教师还可以为学生提供反馈，帮助学生了解自己的学习进度和存在的问题，引导学生进行自我调整和提高。

通过自主学习与反馈，教师可以培养学生的自我学习能力和自我评价能力，使学生在体育学习中更加主动和自主。

总之，程序教学模式的实施策略包括分层次教学、个性化学习和自主学习与反馈。通过这些策略，教师可以提高学生的学习兴趣和参与度，满足学生的个别差异，培养学生的自我学习能力和自我评价能力。教师应该注重程序教学模式的实施，不断创新和优化教学方法，为学生的全面发展提供有力的支持。

第三节　俱乐部教学模式与高校体育教学的深度融合

俱乐部教学模式是一种以学生兴趣为导向，注重实践和体验的教学方法。在高校体育教学中，俱乐部教学模式的应用具有重要的意义。通过俱乐部教学模式，教师可以更好地关注学生的个体差异，提高学生的学习兴趣，培养学生的自主锻炼能力，推动体育教学改革。教师应该注重俱乐部教学模式的应用，创新教学方法，为学生的全面发展提供有力的支持。

一、俱乐部教学模式概述

（一）俱乐部教学模式的概念与特点

俱乐部教学模式是一种以学生兴趣为导向的教学方法。该模式的特点包括：

①兴趣导向：俱乐部教学模式注重学生的兴趣和需求，根据学生的兴趣选择教学内容和活动。

②实践和体验：俱乐部教学模式强调学生的实践和体验，让学生在实际

操作中学习和掌握知识和技能。

③自主学习：俱乐部教学模式鼓励学生自主探索、主动学习，培养学生的独立思考和创新能力。

④社交互动：俱乐部教学模式注重学生之间的交流和合作，通过团队活动和竞赛，培养学生的团队精神和沟通能力。

（二）体育教学中引入俱乐部模式的意义

在高校体育教学中，引入俱乐部教学模式具有以下意义：

①满足学生个性化需求：基于学生体质和运动能力的差异，俱乐部教学模式能够满足学生个性化学习的需求，使每个学生都能在体育学习中得到关注和发展。

②提高学生学习兴趣：俱乐部教学模式注重学生的兴趣和需求，通过实践和体验，激发学生的学习兴趣和动力。

③培养学生的自主锻炼能力：俱乐部教学模式鼓励学生自主学习和锻炼，使学生能够在课堂之外继续进行有效的体育锻炼，提高身体素质。

④适应体育课程改革：随着高校体育课程改革的深入推进，俱乐部教学模式作为一种创新的教学方法，有助于推动体育教学改革，提高教学质量。

二、俱乐部教学模式的理论基础

俱乐部教学模式是一种以学生兴趣为导向，注重实践和体验的教学方法。在高校体育教学中，俱乐部教学模式的理论基础涉及教育社会学、学生心理等多个领域。以下将从三个方面探讨俱乐部教学模式的理论基础。

（一）教育社会学视角下的俱乐部模式

教育社会学视角下的俱乐部模式关注学生的社会交往、团队协作和身份认同等方面。该模式认为，学习不仅仅是知识传递的过程，更是学生社会化、形成身份认同的过程。俱乐部教学模式通过团队活动和竞赛，促进学生之间的交流和合作，培养学生的团队精神和沟通能力。

（二）俱乐部模式与学生主动性、参与度的提升

俱乐部模式强调学生的主动性和参与度，认为学生是学习的主体，教师是引导者和协助者。该模式认为，通过激发学生的兴趣和需求，提供实践和体验的机会，可以提高学生的学习主动性和参与度。俱乐部教学模式鼓励学生自主探索、主动学习，培养学生的独立思考和创新能力。

（三）俱乐部模式与个性化学习需求的满足

俱乐部模式注重满足学生的个性化学习需求。该模式认为，每个学生都有自己的特点和需求，教师应根据学生的实际情况，提供个性化的教学内容和指导。俱乐部教学模式根据学生的兴趣和需求选择教学内容和活动，使每个学生都能在体育学习中得到关注和发展。

总之，俱乐部教学模式的理论基础涉及教育社会学、学生心理等多个领域。俱乐部教学模式关注学生的社会交往、团队协作和身份认同，强调学生的主动性和参与度，满足学生的个性化学习需求。这些理论基础为俱乐部教学模式在高校体育教学中的应用提供了有力的支持。教师应该注重俱乐部教学模式的理论基础，创新教学方法，为学生的全面发展提供有力的支持。

三、俱乐部教学模式的结构与组织

俱乐部教学模式是一种以学生兴趣为导向，注重实践和体验的教学方法。在高校体育教学中，俱乐部教学模式的结构与组织是提高教学效果的关键。以下将从三个方面探讨俱乐部教学模式的结构与组织。

（一）俱乐部的分类与设置

俱乐部的分类与设置是俱乐部教学模式的基础。根据教学目标和学生的兴趣，教师可以设置不同类型的俱乐部，如技能俱乐部、兴趣俱乐部和健康俱乐部等。

①技能俱乐部：技能俱乐部以提高学生的体育技能为主要目标，如篮球

俱乐部、足球俱乐部等。教师可以根据学生的兴趣和特长，组织相应的技能训练和比赛。

②兴趣俱乐部：兴趣俱乐部以培养学生的体育兴趣和爱好为主要目标，如舞蹈俱乐部、瑜伽俱乐部等。教师可以组织各种趣味性的体育活动，激发学生的学习兴趣。

③健康俱乐部：健康俱乐部以提高学生的身体素质和健康水平为主要目标，如健身俱乐部、跑步俱乐部等。教师可以组织各种健身和体能训练活动，促进学生的身心健康。

（二）俱乐部管理与运行机制

俱乐部管理与运行机制是确保俱乐部教学模式顺利进行的关键。以下几点是俱乐部管理与运行机制的重要组成部分：

①会员制度：俱乐部可以实行会员制度，学生需要加入俱乐部成为会员，才能参加俱乐部的活动。会员制度有助于提高学生的参与度和归属感。

②活动组织：俱乐部应定期组织各种活动，如训练、比赛、讲座等。活动组织应充分考虑学生的兴趣和需求，提高学生的参与度和满意度。

③资源配置：俱乐部应合理配置教学资源，如场地、器材、教师等。资源配置应确保俱乐部活动的顺利进行，提高教学效果。

（三）俱乐部文化的培育与促进学生身份感的建立

俱乐部文化的培育与促进学生身份感的建立是俱乐部教学模式的重要组成部分。俱乐部文化可以增强学生的归属感和身份认同，促进学生的全面发展。以下几点是俱乐部文化培育与促进学生身份感建立的关键：

①营造积极的俱乐部氛围：教师应营造一个积极、互助、团结的俱乐部氛围，让学生感受到俱乐部的温暖和归属。

②组织俱乐部活动：教师应组织各种俱乐部活动，如团队建设、庆典活动等，这些活动可以增强学生的团队精神和身份认同。

③鼓励学生参与决策：教师应鼓励学生参与俱乐部的管理和决策，让学

生感受到自己是俱乐部的主人。

总之，俱乐部教学模式的结构与组织是提高教学效果的关键。通过合理设置俱乐部、建立有效的管理与运行机制以及培育俱乐部文化，教师可以提高学生的学习兴趣和参与度，满足学生的个性化学习需求。教师应该注重俱乐部教学模式的结构与组织，不断创新和优化教学方法，为学生的全面发展提供有力的支持。

四、俱乐部教学模式在体育教学中的应用

俱乐部教学模式在高校体育教学中的应用具有广泛的可能性。以下将从三个方面探讨俱乐部教学模式在体育教学中的应用。

（一）技能学习与提升：通过俱乐部活动深化特定体育技能的训练

俱乐部教学模式可以通过组织各种俱乐部活动，深化学生对特定体育技能的训练。教师可以根据学生的兴趣和特长，组织相应的技能训练和比赛。例如，在篮球俱乐部中，教师可以组织学生进行运球、传球和投篮的训练，通过反复练习和比赛，提高学生的技能水平。

（二）知识拓展与实践：通过讨论、分享会等方式加深体育理论知识的理解

俱乐部教学模式可以通过组织讨论、分享会等方式，加深学生对体育理论知识的理解。教师可以组织学生就某一体育理论知识进行讨论，分享自己的见解和经验。例如，在篮球俱乐部中，教师可以组织学生讨论篮球比赛的战术和策略，通过分享和讨论，加深学生对篮球理论知识的了解。

（三）体育活动的创新与探索：鼓励学生在俱乐部内部创新体育活动、组织比赛

俱乐部教学模式可以鼓励学生在俱乐部内部创新体育活动、组织比赛。教师可以鼓励学生根据自己的兴趣和特长，创新体育活动，如设计新的体育

游戏、组织趣味性的比赛等。这种方式可以激发学生的创造力和创新精神，培养学生的独立思考和创新能力。

总之，俱乐部教学模式在高校体育教学中的应用具有广泛的可能性。通过技能学习与提升、知识拓展与实践以及体育活动的创新与探索，教师可以提高学生的学习兴趣和参与度，满足学生的个性化学习需求。教师应该注重俱乐部教学模式的应用，不断创新和优化教学方法，为学生的全面发展提供有力的支持。

五、俱乐部教学模式的实施策略

俱乐部教学模式在高校体育教学中的应用需要采取一系列策略，以提高教学效果和学生的学习体验。以下将从三个方面探讨俱乐部教学模式的实施策略。

（一）学生主导的俱乐部活动策划与实施

学生主导的俱乐部活动策划与实施是俱乐部教学模式的核心。教师应鼓励学生自主策划和实施俱乐部活动，培养学生的组织能力和领导能力。

例如，在篮球俱乐部中，教师可以让学生自己组织训练计划、设计比赛规则等。学生可以根据自己的兴趣和需求，选择合适的活动内容和形式，提高自己的技能水平。

通过学生主导的俱乐部活动策划与实施，教师可以培养学生的独立思考和创新能力，提高学生的学习兴趣和参与度。

（二）教师在俱乐部模式中的角色转变与支持

教师在俱乐部教学模式中的角色应从传统的知识传授者转变为引导者和协助者。教师应关注学生的需求和兴趣，为学生提供必要的支持和指导。

例如，在篮球俱乐部中，教师可以观察学生的训练和比赛，提供及时的反馈和建议。教师还可以组织学生进行讨论和分享，帮助学生解决问题和困难。

通过在俱乐部模式中的角色转变与支持，教师可以更好地满足学生的需求，提高学生的学习效果和能力。

（三）俱乐部间的交流合作与竞争机制

俱乐部间的交流合作与竞争机制是俱乐部教学模式的重要组成部分。教师应鼓励不同俱乐部之间进行交流和合作，促进学生之间的相互学习和启发。

例如，教师可以组织不同俱乐部的学生进行联合训练和比赛，让学生互相学习对方的技能和经验。同时，教师还可以引入竞争机制，激发学生之间的竞争意识和动力。

通过俱乐部间的交流合作与竞争机制，教师可以培养学生的团队精神和沟通能力，提高学生的学习效果和能力。

总之，俱乐部教学模式的实施策略包括学生主导的俱乐部活动策划与实施、教师在俱乐部模式中的角色转变与支持以及俱乐部间的交流合作与竞争机制。通过这些策略，教师可以提高学生的学习兴趣和参与度，满足学生的个性化学习需求，培养学生的独立思考和创新能力。教师应该注重俱乐部教学模式的实施，不断创新和优化教学方法，为学生的全面发展提供有力的支持。

第七章　现代高校体育课目教育与实践训练

现代高校体育课目教育与实践训练是培养学生综合素质的重要途径。随着社会的发展和科技的进步，高校体育教育也在不断改革和创新。探讨高校体育科目教学，通过不断改进体育教育，培养学生的身体素质、运动技能和综合素质，为学生的全面发展奠定基础。

第一节　高校篮球教学与实践训练

篮球是一项深受学生喜爱的运动，也是高校体育教学中的重要内容。篮球教学不仅能够提高学生的身体素质和运动技能，还能够培养学生的团队合作精神、竞争意识和领导能力。本节将探讨高校篮球教学的重要性与目标，以及实践训练在篮球学习中的作用。

一、篮球教学概述

（一）高校篮球教学的重要性与目标

高校篮球教学的重要性在于其能够促进学生的全面发展。篮球运动不仅能够提高学生的身体素质和运动技能，还能够培养学生的团队合作精神、竞争意识和领导能力。此外，篮球教学还能够帮助学生树立正确的体育观念，培养良好的运动习惯和健康的生活方式。

高校篮球教学的目标包括：

①提高学生的篮球技能水平，使学生能够熟练地掌握篮球的基本技巧和

战术。

②培养学生的团队合作精神，使学生能够在团队中发挥自己的作用，与他人共同为团队的目标努力。

③培养学生的竞争意识，使学生能够在比赛中积极进取，追求卓越。

④培养学生的领导能力，使学生能够在团队中担任领导角色，组织和指导团队。

（二）实践训练在篮球学习中的作用

实践训练是篮球学习中至关重要的一环。通过实践训练，学生可以：

①掌握篮球的基本技巧和战术：实践训练是学生学习和掌握篮球技巧和战术的最佳途径。通过反复练习，学生可以熟练地掌握运球、传球、投篮等基本技巧，以及进攻、防守等基本战术。

②提高篮球技能的运用能力：实践训练可以使学生将所学的篮球技巧和战术运用到实际比赛中。通过实际操作，学生可以更好地理解篮球技巧和战术的意义和运用方法，提高自己的篮球技能水平。

③培养团队合作精神：实践训练可以培养学生的团队合作精神。在篮球训练和比赛中，学生需要与队友密切合作，共同完成任务和解决问题。通过团队合作，学生可以培养沟通技巧、协作能力和领导能力。

④增强比赛经验：实践训练可以使学生积累更多的比赛经验。通过参加训练和比赛，学生可以了解比赛的规则和特点，提高自己的比赛能力和心理素质。

总之，高校篮球教学对于学生的全面发展具有重要意义。通过实践训练，学生可以更好地掌握篮球的基本技巧和战术，提高篮球技能的运用能力，培养团队合作精神和比赛经验。教师应该注重实践训练在篮球教学中的应用，通过组织合理的训练和比赛，提高学生的篮球素养和综合能力。

二、篮球教学的基础

篮球教学是高校体育课程的重要组成部分，它不仅能够提升学生的身体素质，还能够培养学生的团队合作精神和竞技能力。将从以下三个方面进行探讨。

（一）篮球规则与基本技巧概述

篮球规则是保证比赛公平性和顺利进行的基础。教师在教学中应向学生详细介绍篮球规则，包括比赛的基本流程、犯规判定、比赛时间等。同时，教师还应教授学生篮球的基本技巧，如运球、传球、投篮、防守等，这些技巧是学生掌握篮球运动的基础。

（二）篮球运动的健康益处与身心发展

篮球运动具有多方面的健康益处。它能够增强学生的体质，提高心肺功能和肌肉力量。此外，篮球运动还能够促进学生的身心发展，培养学生的团队合作精神、竞争意识和领导能力。篮球比赛中的团队合作和竞技对抗，有助于学生培养良好的心理素质和应对压力的能力。

（三）教学方法：理论与实践相结合的重要性

篮球教学应注重理论与实践相结合。教师在教学中应将篮球理论知识与实际操作相结合，使学生能够在实践中理解和掌握篮球技巧。例如，在教授运球技巧时，教师应先讲解运球的基本原理和技巧要点，然后让学生进行实际操作练习。通过理论与实践相结合的教学方法，学生可以更好地理解和掌握篮球技巧，提高篮球运动水平。

总之，篮球教学基础包括篮球规则与基本技巧的概述、篮球运动的健康益处与身心发展以及教学方法：理论与实践相结合的重要性。教师在篮球教学中应注重这些方面，通过合理设计教学内容和采用有效的教学方法，提高学生的篮球素养和综合能力。

三、技能训练与发展

技能训练与发展是高校体育教学中的重要环节，对于提高学生的篮球运动水平至关重要。以下将从基本技能训练、防守与进攻战术的训练以及个人与团队技能的协调发展三个方面进行探讨。

（一）基本技能训练：传球、运球、投篮等

基本技能训练是篮球教学的基础。教师应注重学生传球、运球和投篮等基本技能的训练。这些技能是学生在比赛中运用战术和策略的基础。

①传球训练：教师应教授学生正确的传球姿势和手法以及不同类型的传球技巧，如胸传球、肩上传球、低手传球等。学生应在训练中反复练习，提高传球准确性和流畅性。

②运球训练：教师应指导学生掌握正确的运球姿势和手法以及不同类型的运球技巧，如原地运球、行进间运球、变向运球等。学生应在训练中加强运球练习，提高运球速度和控制能力。

③投篮训练：教师应教授学生正确的投篮姿势和手法以及不同类型的投篮技巧，如跳投、勾手投篮、三分球等。学生应在训练中进行大量投篮练习，提高投篮准确性和稳定性。

（二）防守与进攻战术的训练

防守与进攻战术的训练是提高学生篮球竞技水平的关键。教师应教授学生基本的防守和进攻战术，使学生能够在比赛中灵活运用。

①防守战术训练：教师应教授学生各种防守技巧，如人盯人防守、区域防守、篮下防守等。学生应在训练中练习防守动作，提高防守意识和能力。

②进攻战术训练：教师应教授学生各种进攻战术，如突破、传切、挡拆等。学生应在训练中练习进攻配合，提高进攻效率和团队配合的默契。

（三）个人与团队技能的协调发展

个人与团队技能的协调发展是篮球教学的重要目标。教师应注重培养学生在个人技能和团队协作方面的能力。

①个人技能提升：教师应鼓励学生在训练中注重个人技能的提升，如提

高运球、传球、投篮等基本技能。

②团队协作培养：教师应组织学生参加团队比赛，培养学生的团队协作意识和能力。在比赛中，学生应学会与队友沟通、协调，共同为团队的目标努力。

总之，技能训练与发展是高校体育教学中的重要环节。教师应注重基本技能训练、防守与进攻战术的训练以及个人与团队技能的协调发展。通过系统地训练和发展学生的篮球技能，教师可以提高学生的篮球素养和竞技水平。

四、实践训练策略

实践训练是高校体育教学中的重要环节，它能够帮助学生将理论知识转化为实际操作，提高学生的运动技能和竞技水平。以下将从实践训练计划的设计与执行、模拟比赛与小组竞技活动以及技能应用与战术理解的实战演练三个方面进行探讨。

（一）实践训练计划的设计与执行

实践训练计划的设计与执行是确保训练效果的关键。教师应根据学生的实际情况和教学目标，制定合理的实践训练计划。

①训练内容：实践训练计划应包括传球、运球、投篮等基本技能训练，以及防守与进攻战术的训练。

②训练时间：实践训练计划应合理安排训练时间，确保学生有足够的练习时间。

③训练强度：实践训练计划应根据学生的体能和技能水平，合理设置训练强度，避免过度训练。

④训练方法：实践训练计划应采用多种训练方法，如示范、讲解、分组练习等，提高学生的学习兴趣和参与度。

（二）模拟比赛与小组竞技活动

模拟比赛与小组竞技活动是实践训练的重要组成部分。通过模拟比赛和小组竞技活动，学生可以在类似实际比赛的情境中锻炼和提升技能。

①模拟比赛：教师可以组织学生进行模拟比赛，如三人篮球赛、五人篮球赛等。模拟比赛可以让学生在实际操作中提高技能水平，培养比赛经验和心理素质。

②小组竞技活动：教师可以将学生分成小组，组织各种竞技活动，如传球比赛、投篮比赛等。小组竞技活动可以促进学生之间的交流和合作，提高学生的团队精神和竞技水平。

（三）技能应用与战术理解的实战演练

技能应用与战术理解的实战演练是提高学生篮球竞技水平的关键。教师可以组织学生参加实际比赛，让学生在实战中应用和理解所学技能和战术。

①实际比赛：教师可以组织学生参加校内外篮球比赛，让学生在实际比赛中锻炼和提升技能。

②战术理解：教师可以组织学生进行战术分析，让学生了解和掌握篮球比赛的战术和策略。

总之，实践训练策略是高校体育教学中的重要环节。教师应注重实践训练计划的设计与执行、模拟比赛与小组竞技活动以及技能应用与战术理解的实战演练。通过这些策略，教师可以提高学生的运动技能和竞技水平，培养学生的团队合作精神和竞技能力。教师应该注重实践训练的实施，不断创新和优化教学方法，为学生的全面发展提供有力的支持。

五、评估与反馈

评估与反馈是高校体育教学中的重要环节，它能够帮助教师了解学生的学习情况，为学生提供有针对性的指导。以下将从技能掌握与进步的评估方法、教学反馈与学生自我评估以及持续进步与终身学习的策略三个方面进行探讨。

（一）技能掌握与进步的评估方法

技能掌握与进步的评估方法是衡量学生学习效果的关键。教师应采用多种评估方法，全面了解学生的学习情况。

①课堂表现：教师可以通过观察学生在课堂上的参与度、提问、讨论等方面的表现，了解学生的学习状态和理解程度。

②技能测试：教师可以定期组织技能测试，如传球、运球、投篮等基本技能测试，以及防守与进攻战术的测试。通过分析学生的测试结果，教师可以了解学生对技能的掌握程度。

③模拟比赛与小组竞技活动：教师可以通过组织模拟比赛和小组竞技活动，观察学生的技能运用和比赛表现，评估学生的技能水平。

（二）教学反馈与学生自我评估

教学反馈与学生自我评估是提高学生学习效果的关键。教师应提供及时、具体的反馈，帮助学生了解自己的学习进展和存在的问题。

①教师反馈：教师应根据学生在课堂表现、技能测试、模拟比赛等方面的表现，给予学生及时、具体的反馈。教师反馈应具有指导性，帮助学生明确改进方向。

②学生自我评估：教师应引导学生进行自我评估，让学生了解自己的学习情况，发现存在的问题。学生自我评估可以采用自我观察、同伴评价等方式进行。

（三）持续进步与终身学习的策略

持续进步与终身学习的策略是提高学生篮球竞技水平的关键。教师应关注学生的长期发展，培养学生的终身学习能力。

①制定个性化训练计划：教师可以根据学生的特点和需求，制定个性化的训练计划，帮助学生提高技能水平。

②组织校内外比赛：教师可以组织学生参加校内外篮球比赛，让学生在

实际比赛中锻炼和提升技能。

③引导学生自主学习：教师应引导学生进行自主学习，培养学生的独立思考和创新能力。

总之，评估与反馈是高校体育教学中的重要环节。教师应采用多种评估方法，关注学生的技能掌握与进步。同时，教师应提供及时、具体的教学反馈，引导学生进行自我评估。此外，教师还应关注学生的持续进步与终身学习，培养学生的独立思考和创新能力。通过这些策略，教师可以提高学生的篮球素养和竞技水平，为学生的全面发展提供有力的支持。

第二节　高校羽毛球教学与实践训练

羽毛球是一项深受学生喜爱的运动，也是高校体育教学中的重要内容。羽毛球教学不仅能够提高学生的身体素质和运动技能，还能够培养学生的团队合作精神、竞争意识和领导能力。

一、羽毛球教学概述

（一）羽毛球在高校体育教学中的地位与作用

羽毛球在高校体育教学中的地位在于其能够促进学生的全面发展。羽毛球运动不仅能够提高学生的身体素质和运动技能，还能够培养学生的团队合作精神、竞争意识和领导能力。此外，羽毛球教学还能够帮助学生树立正确的体育观念，培养良好的运动习惯和健康的生活方式。

羽毛球教学的作用包括：

①提高学生的羽毛球技能水平，使学生能够熟练地掌握羽毛球的基本技巧和战术。

②培养学生的团队合作精神，使学生能够在团队中发挥自己的作用，与他人共同为团队的目标努力。

③培养学生的竞争意识，使学生能够在比赛中积极进取，追求卓越。

④培养学生的领导能力，使学生能够在团队中担任领导角色，组织和指导团队。

(二) 实践训练对于提升羽毛球技能的重要性

实践训练是羽毛球学习中至关重要的一环。通过实践训练，学生可以：

①掌握羽毛球的基本技巧和战术：实践训练是学生学习和掌握羽毛球技巧和战术的最佳途径。通过反复练习，学生可以熟练地掌握发球、接球、扣杀等基本技巧以及进攻、防守等基本战术。

②提高羽毛球技能的运用能力：实践训练可以使学生将所学的羽毛球技巧和战术运用到实际比赛中。通过实际操作，学生可以更好地理解羽毛球技巧和战术的意义和运用方法，提高自己的羽毛球技能水平。

③培养团队合作精神：实践训练可以培养学生的团队合作精神。在羽毛球训练和比赛中，学生需要与队友密切合作，共同完成任务和解决问题。通过团队合作，学生可以培养沟通技巧、协作能力和领导能力。

④增强比赛经验：实践训练可以使学生积累更多的比赛经验。通过参加训练和比赛，学生可以了解比赛的规则和特点，提高自己的比赛能力和心理素质。

总之，羽毛球在高校体育教学中的地位与作用不言而喻。通过实践训练，学生可以更好地掌握羽毛球的基本技巧和战术，提高羽毛球技能的运用能力，培养团队合作精神和比赛经验。教师应该注重实践训练在羽毛球教学中的应用，通过组织合理的训练和比赛，提高学生的羽毛球素养和综合能力。

二、羽毛球基础知识与技能

羽毛球作为一项深受学生喜爱的体育运动，在高校体育教学中占有重要地位。以下将从羽毛球规则、设备和场地介绍以及基本技能教学两个方面进行探讨。

（一）羽毛球规则、设备和场地介绍

羽毛球规则是保证比赛公平性和顺利进行的基础。教师在教学中应向学生详细介绍羽毛球规则，包括比赛的基本流程、犯规判定、比赛时间等。同时，教师还应介绍羽毛球的设备和场地，使学生对羽毛球运动有全面的了解。

（二）基本技能教学

基本技能教学是羽毛球教学的核心。教师应教授学生以下基本技能：

①握拍：教师应指导学生掌握正确的握拍姿势，如正手握拍、反手握拍等。

②发球：教师应教授学生正确的发球姿势和手法，如正手发球、反手发球等。

③步伐：教师应指导学生掌握正确的步伐移动技巧，如向前移动、向侧移动、转身移动等。

④基本击球技巧：教师应教授学生不同类型的击球技巧，如正手击球、反手击球、高远球、平抽球、挑球等。

通过基本技能教学，学生可以更好地掌握羽毛球运动的基础，为后续的学习和训练打下坚实的基础。

三、技术与战术训练

技术与战术训练是高校体育教学中的重要环节，对于提高学生的羽毛球运动水平至关重要。以下将从进阶技术训练、单打与双打战术训练以及技术应用与战术布局的综合训练三个方面进行探讨。

（一）进阶技术训练：组合技巧、特殊球种的使用

进阶技术训练是提高学生羽毛球技能的关键。教师应教授学生组合技巧和特殊球种的使用，使学生能够在比赛中灵活运用。

①组合技巧：教师应教授学生不同技巧的组合，如假动作、快速切换拍

面等。这些技巧可以帮助学生在比赛中迷惑对手，提高攻击效果。

②特殊球种的使用：教师应教授学生特殊球种的使用，如切削球、飘球等。这些特殊球种可以增加对手接球的难度，为进攻创造机会。

（二）单打与双打战术训练

单打与双打战术训练是提高学生羽毛球竞技水平的关键。教师应教授学生单打和双打的战术，使学生能够在比赛中灵活运用。

①单打战术训练：教师应教授学生单打时的战术，如控制节奏、利用场地、精准打击等。学生应在训练中练习单打战术，提高自己的竞技水平。

②双打战术训练：教师应教授学生双打时的战术，如配合默契、利用对手弱点、防守反击等。学生应在训练中练习双打战术，提高团队配合默契和竞技水平。

（三）技术应用与战术布局的综合训练

技术应用与战术布局的综合训练是提高学生羽毛球竞技水平的关键。教师应组织学生进行综合训练，将技术应用和战术布局相结合。

①综合训练：教师应组织学生进行模拟比赛，让学生在实际操作中应用技术和战术。学生应在训练中不断调整技术和战术，提高自己的竞技水平。

②战术布局：教师应引导学生进行战术分析，了解和掌握羽毛球比赛的战术和策略。学生应在训练中练习战术布局，提高自己的竞技水平。

总之，技术与战术训练是高校体育教学中的重要环节。教师应注重进阶技术训练、单打与双打战术训练以及技术应用与战术布局的综合训练。通过这些策略，教师可以提高学生的羽毛球素养和竞技水平，培养学生的团队合作精神和竞技能力。教师应该注重技术与战术训练的实施，不断创新和优化教学方法，为学生的全面发展提供有力的支持。

四、实践训练方法与计划

实践训练是高校体育教学中的重要环节，它能够帮助学生将理论知识转化为实际操作，提高学生的运动技能和竞技水平。以下将从设计有效的实践训练计划、分组练习与对抗赛的组织以及训练中的安全防护与伤害预防三个方面进行探讨。

（一）设计有效的实践训练计划

设计有效的实践训练计划是确保训练效果的关键。教师应根据学生的实际情况和教学目标，制定合理的实践训练计划。

①训练内容：实践训练计划应包括基本技能训练、进阶技术训练、单打与双打战术训练等。

②训练时间：实践训练计划应合理安排训练时间，确保学生有足够的练习时间。

③训练强度：实践训练计划应根据学生的体能和技能水平，合理设置训练强度，避免过度训练。

④训练方法：实践训练计划应采用多种训练方法，如示范、讲解、分组练习等，提高学生的学习兴趣和参与度。

（二）分组练习与对抗赛的组织

分组练习与对抗赛是实践训练的重要组成部分。通过分组练习与对抗赛，学生可以在类似实际比赛的情境中锻炼和提升技能。

①分组练习：教师可以将学生分成小组，组织各种竞技活动，如传球比赛、扣杀比赛等。分组练习可以促进学生之间的交流和合作，提高学生的团队精神和竞技水平。

②对抗赛：教师可以组织学生进行模拟比赛，如三人羽毛球赛、五人羽毛球赛等。对抗赛可以让学生在实际操作中提高技能水平，培养比赛经验和心理素质。

（三）训练中的安全防护与伤害预防

训练中的安全防护与伤害预防是确保学生安全的关键。教师应采取以下措施：

①教学指导：教师应确保学生在训练中遵守规则，使用正确的技巧和方法。

②场地设施：教师应确保训练场地和设施的安全，如羽毛球场地平整、网线牢固等。

③安全防护装备：教师应鼓励学生使用安全防护装备，如运动鞋、护具等。

④伤害预防：教师应教授学生正确的热身和拉伸方法，以及伤害预防的知识。

总之，实践训练方法与计划是高校体育教学中的重要环节。教师应注重设计有效的实践训练计划、分组练习与对抗赛的组织以及训练中的安全防护与伤害预防。通过这些策略，教师可以提高学生的运动技能和竞技水平，培养学生的团队合作精神和竞技能力。教师应该注重实践训练的实施，不断创新和优化教学方法，为学生的全面发展提供有力的支持。

五、评价体系与学习反馈

评价体系与学习反馈是高校体育教学中的重要环节，它能够帮助教师了解学生的学习情况，为学生提供有针对性的指导。以下将从学习进度与技能掌握的评估方法、教学反馈与学生自评的重要性以及通过视频分析与同伴评价进行技能提升三个方面进行探讨。

（一）学习进度与技能掌握的评估方法

学习进度与技能掌握的评估方法是衡量学生学习效果的关键。教师应采用多种评估方法，全面了解学生的学习情况。

①课堂表现：教师可以通过观察学生在课堂上的参与度、提问、讨论等方面的表现，了解学生的学习状态和理解程度。

②技能测试：教师可以定期组织技能测试，如发球、接球、扣杀等基本技能测试，以及单打与双打战术的测试。通过分析学生的测试结果，教师可

以了解学生对技能的掌握程度。

③模拟比赛与小组竞技活动：教师可以通过组织模拟比赛和小组竞技活动，观察学生的技能运用和比赛表现，评估学生的技能水平。

（二）教学反馈与学生自评的重要性

教学反馈与学生自评是提高学生学习效果的关键。教师应提供及时、具体的反馈，帮助学生了解自己的学习进展和存在的问题。

①教师反馈：教师应根据学生在课堂表现、技能测试、模拟比赛等方面的表现，给予学生及时、具体的反馈。教师反馈应具有指导性，帮助学生明确改进方向。

②学生自评：教师应引导学生进行自我评估，让学生了解自己的学习情况，发现存在的问题。学生自评可以采用自我观察、同伴评价等方式进行。

（三）通过视频分析与同伴评价进行技能提升

视频分析与同伴评价是提高学生羽毛球技能的有效方法。教师可以组织学生观看专业羽毛球比赛视频，分析专业选手的技能运用和战术布局。此外，同伴评价也是一种有效的学习反馈方式，学生可以通过相互评价，发现自己的不足之处，并从中学习和借鉴。

总之，评价体系与学习反馈是高校体育教学中的重要环节。教师应采用多种评估方法，关注学生的学习进度与技能掌握。同时，教师应提供及时、具体的教学反馈，引导学生进行自我评估。此外，教师还应利用视频分析与同伴评价的方式，帮助学生提升技能水平。通过这些策略，教师可以提高学生的羽毛球素养和竞技水平，为学生的全面发展提供有力的支持。

第三节　高校乒乓球教学与实践训练

乒乓球是一项深受学生喜爱的运动，也是高校体育教学中的重要内容。乒乓球教学不仅能够提高学生的身体素质和运动技能，还能够培养学生的团队合作精神、竞争意识和领导能力。

一、乒乓球教学概述

（一）乒乓球教学的重要性与目的

乒乓球教学的重要性在于其能够促进学生的全面发展。乒乓球运动不仅能够提高学生的身体素质和运动技能，还能够培养学生的团队合作精神、竞争意识和领导能力。此外，乒乓球教学还能够帮助学生树立正确的体育观念，培养良好的运动习惯和健康的生活方式。

乒乓球教学的目的包括：

①提高学生的乒乓球技能水平，使学生能够熟练地掌握乒乓球的基本技巧和战术。

②培养学生的团队合作精神，使学生能够在团队中发挥自己的作用，与他人共同为团队的目标努力。

③培养学生的竞争意识，使学生能够在比赛中积极进取，追求卓越。

④培养学生的领导能力，使学生能够在团队中担任领导角色，组织和指导团队。

（二）实践训练在提高乒乓球技能方面的作用

实践训练是乒乓球学习中至关重要的一环。通过实践训练，学生可以：

①掌握乒乓球的基本技巧和战术：实践训练是学生学习和掌握乒乓球技巧和战术的最佳途径。通过反复练习，学生可以熟练地掌握发球、接球、扣杀等基本技巧以及进攻、防守等基本战术。

②提高乒乓球技能的运用能力：实践训练可以使学生将所学的乒乓球技巧和战术运用到实际比赛中。通过实际操作，学生可以更好地理解乒乓球技巧和战术的意义和运用方法，提高自己的乒乓球技能水平。

③培养团队合作精神：实践训练可以培养学生的团队合作精神。在乒乓球训练和比赛中，学生需要与队友密切合作，共同完成任务和解决问题。通

过团队合作，学生可以培养沟通技巧、协作能力和领导能力。

④增强比赛经验：实践训练可以使学生积累更多的比赛经验。通过参加训练和比赛，学生可以了解比赛的规则和特点，提高自己的比赛能力和心理素质。

总之，乒乓球教学在高校体育教学中的地位与作用不言而喻。通过实践训练，学生可以更好地掌握乒乓球的基本技巧和战术，提高乒乓球技能的运用能力，培养团队合作精神和比赛经验。教师应该注重实践训练在乒乓球教学中的应用，通过组织合理的训练和比赛，提高学生的乒乓球素养和综合能力。

二、乒乓球基础教学

乒乓球作为一项深受学生喜爱的运动，在高校体育教学中占有重要地位。以下将从基本规则和设备介绍以及基础技能教学两个方面进行探讨。

（一）基本规则和设备介绍

乒乓球规则是保证比赛公平性和顺利进行的基础。教师在教学中应向学生详细介绍乒乓球规则，包括比赛的基本流程、犯规判定、比赛时间等。同时，教师还应介绍乒乓球的设备和场地，使学生对乒乓球运动有全面的了解。

（二）基础技能教学

基础技能教学是乒乓球教学的核心。教师应教授学生以下基础技能：

①握拍方式：教师应指导学生掌握正确的握拍姿势，如直板握拍和横板握拍等。

②站位：教师应指导学生根据比赛情况选择合适的站位，如近台站位和远台站位等。

③基本发球：教师应教授学生正确的发球姿势和手法，如正手发球和反手发球等。

④接发球：教师应教授学生正确的接发球姿势和手法，如正手接发球和

反手接发球等。

⑤正手和反手的基本击球技巧：教师应教授学生正手和反手的基本击球技巧，如正手攻球、反手攻球、正手推挡和反手推挡等。

通过基础技能教学，学生可以更好地掌握乒乓球运动的基础，为后续的学习和训练打下坚实的基础。

三、技术提升与战术应用

技术提升与战术应用是高校体育教学中的重要环节，对于提高学生的乒乓球运动水平至关重要。以下将从进阶技术、战术理解与应用以及案例分析三个方面进行探讨。

（一）进阶技术

进阶技术是提高学生乒乓球技能的关键。教师应教授学生进阶技术，如旋转球、快攻球、挑高球等，使学生能够在比赛中灵活运用。

①旋转球：教师应教授学生如何通过改变球拍面和击球力度，使球产生旋转，增加对手接球的难度。

②快攻球：教师应教授学生如何利用快速挥拍和力量，攻击对手的空当或弱点。

③挑高球：教师应教授学生如何将球挑到对手场地的后场，为进攻或防守创造机会。

（二）战术理解与应用

战术理解与应用是提高学生乒乓球竞技水平的关键。教师应教授学生乒乓球的战术，使学生能够在比赛中灵活运用。

①控制节奏：教师应教授学生如何通过控制发球、接发球和击球的节奏，影响对手的比赛节奏。

②利用场地：教师应教授学生如何利用乒乓球场地的大小和布局，增加对手接球的难度。

③精准打击：教师应教授学生如何通过精准的击球，攻击对手的弱点或空当。

（三）案例分析

案例分析是提高学生乒乓球战术的有效方法。教师可以组织学生观看专业乒乓球比赛视频，分析专业选手的技术运用和战术布局。通过案例分析，学生可以更好地理解乒乓球比赛的战术和策略。

总之，技术提升与战术应用是高校体育教学中的重要环节。教师应注重进阶技术的训练、战术理解与应用以及案例分析。通过这些策略，教师可以提高学生的乒乓球素养和竞技水平，培养学生的团队合作精神和竞技能力。教师应该注重技术提升与战术应用的实施，不断创新和优化教学方法，为学生的全面发展提供有力的支持。

四、实践训练与提升策略

实践训练与提升策略是高校体育教学中的重要环节，它能够帮助学生将理论知识转化为实际操作，提高学生的运动技能和竞技水平。以下将从制定实践训练计划、组织小组赛与模拟比赛以及个性化训练计划三个方面进行探讨。

（一）制订实践训练计划：结合理论知识与技术实践

制定实践训练计划是确保训练效果的关键。教师应根据学生的实际情况和教学目标，制定合理的实践训练计划。

①训练内容：实践训练计划应包括基本技能训练、进阶技术训练、战术训练等。

②训练时间：实践训练计划应合理安排训练时间，确保学生有足够的练习时间。

③训练强度：实践训练计划应根据学生的体能和技能水平，合理设置训练强度，避免过度训练。

④训练方法：实践训练计划应采用多种训练方法，如示范、讲解、分组练习等，提高学生的学习兴趣和参与度。

（二）组织小组赛与模拟比赛：增加实战经验

组织小组赛与模拟比赛是实践训练的重要组成部分。通过小组赛与模拟比赛，学生可以在类似实际比赛的情境中锻炼和提升技能。

①小组赛：教师可以将学生分成小组，组织各种竞技活动，如传球比赛、扣杀比赛等。小组赛可以促进学生之间的交流和合作，提高学生的团队精神和竞技水平。

②模拟比赛：教师可以组织学生进行模拟比赛，如三人乒乓球赛、五人乒乓球赛等。模拟比赛可以让学生在实际操作中提高技能水平，培养比赛经验和心理素质。

（三）个性化训练计划：针对学生不同的技能水平和需求制订训练计划

个性化训练计划是提高学生乒乓球技能的关键。教师应根据学生的特点和需求，制订个性化的训练计划，帮助学生提高技能水平。

①技能评估：教师应对学生的技能水平进行评估，了解学生的优势和不足。

②训练目标：教师应根据学生的技能评估结果，为学生设定合适的训练目标。

③训练内容：教师应根据学生的训练目标，设计合适的训练内容，如加强发球技巧、提高接发球水平等。

④训练方法：教师应采用适合学生特点的训练方法，如一对一指导、视频分析等。

总之，实践训练与提升策略是高校体育教学中的重要环节。教师应注重制订实践训练计划、组织小组赛与模拟比赛以及制定个性化训练计划。通过这些策略，教师可以提高学生的运动技能和竞技水平，培养学生的团队合作精神和竞技能力。教师应该注重实践训练的实施，不断创新和优化教学方法，为学生的全面发展提供有力的支持。

五、教学方法与评价

教学方法与评价是高校体育教学中的重要环节，它能够帮助教师了解学生的学习情况，为学生提供有针对性的指导。以下将从教学方法、评价体系以及反馈与调整三个方面进行探讨。

（一）教学方法

采用多样化的教学方法是提高学生学习兴趣和参与度的重要手段。教师可以采用以下教学方法：

①多媒体教学：教师可以利用视频、图片、动画等多媒体资源，生动展示乒乓球的技巧和战术，提高学生的学习兴趣。

②示范教学：教师通过亲自示范，让学生直观地了解乒乓球技巧和战术的运用，提高学生的学习效果。

③分组练习：教师可以将学生分成小组，组织各种竞技活动，如传球比赛、扣杀比赛等。分组练习可以促进学生之间的交流和合作，提高学生的团队精神和竞技水平。

（二）评价体系

建立科学的评价体系是衡量学生学习效果的关键。教师应采用多种评价方法，全面了解学生的学习情况。

①技能掌握：教师可以通过技能测试，如发球、接球、扣杀等基本技能测试，评估学生对技能的掌握程度。

②战术应用：教师可以观察学生在模拟比赛中的战术运用，评估学生对战术的理解和应用能力。

③比赛表现：教师可以观察学生在实际比赛中的表现，评估学生的比赛能力和心理素质。

（三）反馈与调整

根据学生的学习情况进行教学反馈和课程调整是提高教学效果的关键。教师应采取以下措施：

①及时反馈：教师应及时给予学生反馈，指出学生的优点和不足，帮助学生明确改进方向。

②学生自评：教师应引导学生进行自我评估，让学生了解自己的学习情况，发现存在的问题。

③课程调整：教师应根据学生的学习情况，适时调整教学计划和内容，以满足学生的学习需求。

总之，教学方法与评价是高校体育教学中的重要环节。教师应采用多样化的教学方法，建立科学的评价体系，并根据学生的学习情况进行教学反馈和课程调整。通过这些策略，教师可以提高学生的学习兴趣和参与度，培养学生的运动技能和竞技能力。教师应该注重教学方法与评价的实施，不断创新和优化教学方法，为学生的全面发展提供有力的支持。

参考文献

[1] 马健勋．高校体育教学与科学训练［M］．北京：北京工业大学出版社，2023.

[2] 陈辉．高校体育教学探索与模式构建研究［M］．北京：北京工业大学出版社，2023.

[3] 任翔，张通，刘征．高校体育教学模式创新研究与实践［M］．沈阳：辽宁人民出版社，2023.

[4] 张萍．现代高校体育教学与运动训练研究［M］．哈尔滨：哈尔滨出版社，2023.

[5] 栾朝霞．高校体育教学改革与健康教育研究［M］．北京：北京工业大学出版社，2023.

[6] 马超．高校体育教学与训练研究［M］．长春：吉林出版集团股份有限公司，2021.

[7] 刘永科，齐海杰．高校体育教学改革创新与发展研究［M］．长春：吉林出版集团股份有限公司，2022.

[8] 朱元明．高校体育教学模式与创新发展研究［M］．长春：吉林出版集团股份有限公司，2022.

[9] 韩秀英．高校体育教学发展研究创新［M］．长春：吉林出版集团股份有限公司，2022.

[10] 张亚平，杨龙，杜利军．高校体育教学理念及模式创新研究［M］．北京：中国商业出版社，2022.

[11] 刘卫国，郝传龙，陈星全．高校体育教学方法实践探索研究［M］．长春：吉林出版集团股份有限公司，2022.

[12] 鹿道叶．高校体育教学设计与实践研究［M］．西安：西安交通大学出

版社，2022.

［13］聂丹，李运作．体育强国视域下高校体育教学创新研究［M］．长春：吉林大学出版社，2023.

［14］田应娟．当代高校体育教学改革创新与发展［M］．长春：吉林人民出版社，2021.

［15］于海，张宁宁，骆奥．高校体育教学与训练实践研究［M］．长春：吉林人民出版社，2021.

［16］谢宾，王新光，时春梅．高校体育教学与运动训练研究［M］．长春：吉林人民出版社，2021.

［17］刘景堂．高校体育教学改革研究［M］．北京：中国纺织出版社，2019.

［18］夏越．现代高校体育教学研究［M］．北京：北京理工大学出版社，2019.

［19］樊文娴，马识淳，王冬枝．高校体育教学与大学生体育运动管理［M］．长春：吉林出版社，2022.

［20］刘海洋，杨战广，杨少洁．基于有效教学理论的高校体育教学研究［M］．北京：中国商业出版社，2022.

［21］魏小芳，丁鼎．高校体育教学管理改革与模式构建探索［M］．长春：吉林人民出版社，2022.

［22］李彦松．多维度视域下的高校体育教学工作研究［M］．长春：吉林科学技术出版社，2022.

［23］王宝珍．文化融入视角下的高校体育教学改革探索［M］．北京：中国原子能出版传媒有限公司，2022.

［24］李响．高校体育教学训练水平提升策略与实证［M］．北京：北京燕山出版社，2022.

［25］左为东．课程思政视角下高校体育教学模式研究［M］．北京：中国纺织出版社，2022.

［26］张建梅．高校体育教学与大学生体能训练［M］．长春：吉林科学技术出版社，2020.

[27] 孙丽萍. 新时代高校体育教学理论探索与实务研究 [M]. 长春：吉林大学出版社，2022.

[28] 陈泽刚. 高校体育教学改革创新与发展研究 [M]. 长春：吉林出版集团股份有限公司，2020.

[29] 温正义. 高校体育教学与大学生体育实践能力培养研究 [M]. 北京：北京工业大学出版社，2021.

[30] 李进文. 高校体育教学与体育文化融合发展研究 [M]. 北京：中国原子能出版传媒有限公司，2021.